Dalmo Ferrari

OS CINCO ELEMENTOS DO
hábito

seu resultado pode ser fruto de circunstâncias,
mas seu comportamento é uma escolha

Copyright © 2020 by Editora Letramento
Copyright © 2020 by Dalmo Ferrari

DIRETOR EDITORIAL | **Gustavo Abreu**
DIRETOR ADMINISTRATIVO | **Júnior Gaudereto**
DIRETOR FINANCEIRO | **Cláudio Macedo**
LOGÍSTICA | **Vinícius Santiago**
COMUNICAÇÃO E MARKETING | **Giulia Staar**
EDITORA | **Laura Brand**
ASSISTENTE EDITORIAL | **Carolina Fonseca**
DESIGNER EDITORIAL | **Gustavo Zeferino e Luís Otávio Ferreira**
CAPA | **Flávio Cruz**
ILUSTRAÇÕES | **Daniel Carlos**

Todos os direitos reservados.
Não é permitida a reprodução desta obra sem
aprovação do Grupo Editorial Letramento.

Dados Internacionais de Catalogação na Publicação (CIP) de acordo com ISBD

F375c	Ferrari, Dalmo
	Os cinco elementos do hábito / Dalmo Ferrari ; ilustrado por Daniel Carlos. - Belo Horizonte, MG : Letramento, 2020.
	112 p. : il. ; 14cm x 21cm.
	Inclui bibliografia e apêndice.
	ISBN: 978-65-86025-48-4
	1. Empresário. 2. Administrador de empresas. 3. Analista comportamental. 4. Funcionamento do hábito. 5. Comportamento expresso. 6. Ressignificação e mudança. 7. Impressão da nova identidade. 8. Escolha. I. Carlos, Daniel. II. Título.
	CDD 658.401
2020-2065	CDU 658.011.2

Elaborado por Odilio Hilario Moreira Junior - CRB-8/9949

Índice para catálogo sistemático:
1. Administrador de empresas 658.401
2. Administrador de empresas 658.011.2

Belo Horizonte - MG
Rua Magnólia, 1086
Bairro Caiçara
CEP 30770-020
Fone 31 3327-5771
contato@editoraletramento.com.br
editoraletramento.com.br
casadodireito.com

O CONTEÚDO DESTE LIVRO É RESULTADO DE
UM FIEL TRABALHO DE PESQUISA LITERÁRIA E
DAS EXPERIÊNCIAS CONSTATADAS POR DIVERSOS
PROFISSIONAIS REFERENCIADOS PELO AUTOR.

AGRADECIMENTOS

Sempre a Deus, pelo privilégio em poder ser o meio de comunicação que deu acesso ao resultado deste belo trabalho a todos os leitores. Para a minha esposa e filha, as primeiras leitoras e críticas deste material. A cada um dos meus amigos e irmãos que previamente avaliaram o conteúdo e a todos que tem orado para o maior alcance das pessoas a este livro. Aos grandes influenciadores Pablo Marçal, Paulo Vieira e Wendell Carvalho.

Muito obrigado!

9 SÍNTESE

11 PREFÁCIO

15 A ESTRUTURA DO HÁBITO

21 HÁBITO E COMPORTAMENTO
27 PRATICANDO (ATIVIDADE 1)

31 A COMUM TRAJETÓRIA
36 PRATICANDO (ATIVIDADE 2)

38 OS CINCO ELEMENTOS
39 SANIDADE
44 DISPOSIÇÃO
49 DECISÃO
53 ATITUDE
57 CONSTÂNCIA

61 A LINGUAGEM DA MEMÓRIA

66 O PODER DA MENTE

76 CRIANDO MUSCULATURA
81 PRATICANDO (ATIVIDADE 3)

90 TRANSFORMANDO RESULTADOS

95 ESCOLHER MUDAR
100 PRATICANDO (ATIVIDADE 4)

108 PREFERÊNCIAS LITERÁRIAS DO ESCRITOR

109 SOBRE O AUTOR

SÍNTESE

Estruturar para construir novos hábitos, ressignificando assim nossos comportamentos, não nos desvia de conflitos e problemas, mas amplia nosso campo de visão do todo, aumenta nosso acervo comportamental e nos dá outras múltiplas formas de reagir em cada circunstância.

Você não se tornará mais sábio ao agir ou reagir com um comportamento diferente – a propósito, toda e qualquer situação vai exigir uma ação ou reação. Até mesmo uma posição de neutralidade absoluta pode ser considerada como expressão, e, portanto, uma ação ou reação. O importante é ter a consciência de que isso não o torna necessariamente mais sábio.

"NÃO SE MEDE A SABEDORIA DE UM HOMEM POR SUA HABILIDADE EM FALAR, MAS POR SUA CAPACIDADE DE SILENCIAR SEMPRE QUE NECESSÁRIO"

O sábio ouvirá e crescerá em conhecimento, e o entendido adquirirá sábios conselhos. **Provérbios 1:5**

Portanto, meus amados irmãos, todo o homem seja pronto para ouvir, tardio para falar, tardio para se irar. **Tiago 1:19**

Os Cinco Elementos me foram revelados no dia 25 de fevereiro de 2020, e embora eu já estivesse há algum tempo avançado na construção dos processos, não encontrava, até então, uma definição para cada passo do processo, com a interação dos organismos e a clareza do que veremos a seguir.

O conhecimento que você poderá ter acesso será estimulado pela sabedoria, sobretudo quando sua mente for tomada pelas informações disponíveis neste livro. Portanto, permita-se desfrutar de tudo que, cuidadosamente, e com muito respeito a qualquer pessoa que eventualmente possa se posicionar contrário ao conteúdo deste livro, traduzi com a graça de Deus em simples técnicas com requeridas práticas e exercícios diários.

Talvez esta obra seja a revolução que a consciência humana precisa para de uma vez por todas reconhecer que não existem pequenos mundos, ou universos particulares na mente humana, e, desta forma, compreenderem assim que a saúde de uma relação de amizade, de uma sociedade empresarial, de pais com seus filhos, de um casamento, ou até entre nações, não está relacionado à parte ou ao lado que pode mais, mas a habilidade de quem está disposto a perder.

> "PODER E VITÓRIA SÃO VERDADEIRAMENTE
> REVELADOS APENAS AOS QUE TEM A
> HABILIDADE DE QUEM SABE PERDER"

PREFÁCIO

Passamos a vida toda recebendo milhares e milhares de informações, o tempo todo, e das mais variadas formas. Conhecemos igualmente muitas pessoas – pessoas que passam, que chegam e vão, que chegam e ficam.

Aqui, basicamente, e de forma muito singular, começa a construção dos nossos hábitos. Bons e maus, eles vão sendo construídos em nós, e nosso comportamento emite, comunica esses hábitos, na maioria das vezes para fora de nós.

Tenho feito a frequente explanação: tendemos a somatizar práticas que sem licença se arrastaram pelos bons e maus exemplos e que, ao longo do caminho de nossa vida, são adquiridos de tantas pessoas que vemos, admiramos e algumas convivemos desde a prematuração e inicial formação de nossa personalidade. Ou seja, muita coisa boa tem fundamental participação na estrutura dos nossos hábitos. Contudo, há ainda muito lixo influente que não abandonamos pela simples ausência de uma ou algumas tomadas de decisões.

Há quem atribua nossos comportamentos aos ancestrais de nossa linhagem familiar, ou à etnia, mas lembro ainda que sangue não transmite muita coisa boa, e, na grande maioria das vezes, transmite apenas doenças e não comportamentos. Portanto, nossos pais e avós só podem ser responsáveis pelos seus maus ou bons exemplos que, conscientes ou não, arrastaram sobre nós, mas jamais pelo seu DNA.

A sociedade cativa ao oposto do livre pensamento, formada desde o pecado de Adão, se habituou a seguir a cartilha do certo e errado, e muito antes da conhecida expressão, já multiplicava o "politicamente correto" e abominava o contrário. Não percebia, porém, que só reproduzia cópias com defeitos de um conceito, cujo comportamento sempre dependeu apenas de uma decisão totalmente pessoal.

Em suas mais diversas características, os hábitos agem como impressões digitais e são expressos em comportamentos da nossa personalidade. Entretanto, estudos afirmam que a personalidade começa a ser construída no ser humano entre três e cinco anos de idade, quando os pais devem ter muito cuidado com os pequeninos espectadores a sua volta e que estão "em constante obra".

Alguns dicionários da língua portuguesa definem hábito como costume, mania e até vício, mas é importante compreender que o objetivo aqui não é reconstruir qualquer hábito, e sim ressignificar o comportamento, por meio da construção de um novo hábito, catalisando prática com disciplina e intensidade. É importante saber e compreender que a reconstrução requer uma desconstrução, acessando áreas profundas, trazendo à tona histórias de cicatrizes que poderiam voltar a se tornar grandes feridas. Para isso, o processo seria a incursão de técnicas e ferramentas de outras áreas a mim desconhecidas, de uma complexidade tamanha que o sofrimento fará certamente parte; neste aprendizado que proponho, construímos uma ponte por sobre o velho hábito, cujo comportamento expresso é nosso alvo.

"A VIDA É UM CAMINHO

SÓ DE IDA"

A proposta aqui é colocar em exercício uma descoberta, inspirada por Deus, baseada em experiências pessoais e na profunda observação comportamental das pessoas.

Além da maior fonte de informações para análise dos resultados conclusivos – a Bíblia –, outras fontes literárias foram determinantes no desenvolvimento deste processo. Cito alguns:

Atitude mental positiva, de Napoleon Hill;

O poder do hábito, de Charles Duhigg;

Inteligência emocional, de Daniel Goleman.

A tríade literária acima reafirmou sobremaneira os conceitos de formação dos hábitos em minha mente, o que me levou a personalizar uma definição única para conceituar e esclarecer a causa dos nossos comportamentos.

> "HÁBITO É SOMA DOS ELEMENTOS EXPRESSOS NO COMPORTAMENTO, RESULTANTE DE INFLUENCIAS AO LONGO DA NOSSA VIDA QUE SE FIXARAM EM NOSSA PERSONALIDADE PELA PRÁTICA E REPETIÇÃO"

Tudo que é demais ou de menos em nosso comportamento expresso está em desequilíbrio, em desacordo com um padrão. Mas qual é este padrão? Não estou discutindo religião ou credo, pois a técnica processual que estou apresentando não trata deste assunto, embora a minha maior fonte de estudos tenha sido a Bíblia. N'Ela tenho achado "o padrão de equilíbrio" há muito tempo para todas as situações que tenho vivido, e seguramente, no mundo todo, outras milhares de pessoas tem experimentado das mesmas experiências.

Recomendo que, após a leitura deste conteúdo, você mergulhe nos quatro evangelhos e estude a vida de Jesus. Com toda convicção, você vai entender que não houve e não há na terra outro homem com o nível de equilíbrio e resultados de absoluto sucesso como Ele. Você vai observar n'Ele, e em todos os seus comportamentos expressos, cinco evidências claras, que nomino de 'elementos', as quais defini como a estrutura do processo expresso por meio do comportamento, defi-

PREFÁCIO | **13**

nindo assim o padrão de Jesus que, mesmo sendo Deus – e Deus não tem padrões – Ele, o Verbo, Jesus é o padrão, o nosso padrão. Ele estabeleceu para nós um meio estrutural para construirmos bons hábitos, fiéis aos princípios da Sua própria Palavra, à mesma Palavra que deu ordem a existirem todas as coisas.

Seguindo na pesquisa e análise comportamental das minhas fontes, percebi que *padrão* e *lógica* são características do comportamento e caminham juntas. Um padrão expõe as medidas de peso e valor da estrutura moral, e normalmente se repete na definição de vários comportamentos. Já a lógica é o próprio raciocínio em altíssima velocidade, agindo conjuntamente; por mais racional que seja a lógica, ela se expressa no maior conforto das nossas possibilidades de pensar. A lógica é justamente o que não nos permite pensar fora da caixa. Ou seja, tão somente com a lógica, jamais exploraríamos o desconhecido. Por esse motivo, toda lógica só revela seu padrão por meio da ciência.

Talvez seja esse o grande motivo da humanidade, em sua história nos dois últimos séculos, estar acessando muito mais conhecimento a respeito do Livro da Vida; a propósito, a Bíblia é o livro mais lido de todos os tempos, por isso recomendo a necessidade de reforçar todo conhecimento aqui compartilhado com uma profunda meditação na vida de Jesus.

Somos todos uma perfeita e constante obra em andamento. Mas no processo, o tempo, o vento, o sol e a chuva, o solo, as pessoas, todo o processo dessa grande edificação que somos é submetida involuntariamente.

Tenha paciência consigo mesmo, e depois exercite ter mais paciência com o outro, entendendo sempre que todos estamos em um processo maior. Alguns talvez num estágio mais avançado; outros, nem tanto.

A ESTRUTURA DO HÁBITO

Analisando o comportamento expresso das pessoas, percebi que há um padrão estrutural em cada hábito, e nisso passei a separar isoladamente a trajetória de um hábito em construção.

Ao receber a identidade nominal dos cinco elementos, passei a chamá-los de "A Estrutura do Hábito".

É importante conhecer como e por meio de qual elemento se constroem os nossos hábitos desde a nossa infância até o ápice da nossa maturidade, pois sem o conhecimento desse núcleo estrutural dos comportamentos que expressamos (mental, verbal e física), será necessário muito tempo e muita energia para as mudanças serem evidentes em nós, quando as perdas ao longo de um doloroso processo são ainda inevitáveis e poderão ser irreparáveis.

Sendo assim, conhecer cada um dos elementos e identificar a necessidade deles no processo de construção do hábito é indispensável no aprendizado, e não se familiarizar a eles é assumir um resultado de fracasso certo na ideia primária de expressar um comportamento diferente do estado atual indesejado. Estamos aqui pensando em qual comportamento expresso provoca algum desconforto, ou quais comportamentos eu poderia começar a trabalhar enquanto leio este livro. É algo bom para começarmos a pensar desde já.

A estrutura do hábito está ligada diretamente a qualquer padrão de comportamento, mas não a consciência, ou seja, nós manifestamos hábitos que já estão instalados em nós, mas não há consciência precedente de como ou quando começou a ser manifesto em nosso comportamento. Por esse motivo mencionei, na introdução deste livro, que padrão e lógica caminham juntos, e, neste caso, o padrão comportamental é acionado instintivamente pela lógica diante de uma circunstância.

Vale ressaltar com ênfase que a estrutura do hábito, cuja técnica é proposta neste conteúdo, trata de comportamentos voluntários, isto é, aqueles que, de forma quase imperceptível, numa fração de milésimo, receberam estímulo e reagiram na forma de um hábito e se revelou num comportamento expresso.

Nossa mente tenderá sempre a buscar respostas no campo do seu conforto, àquelas já experimentadas, repetidas e que, confortavelmente proporcionam resultados que convergem para a lógica sua e de outras pessoas, sem esforço ou exposição a conflitos. Isso porque em algum momento a voluntariedade da nossa natureza humana foi abruptamente repelida. Quando éramos muito crianças, quando tudo que expressávamos era lindo e maravilhoso, e para tudo perguntávamos, e qualquer novidade ou situação se tornava um processo investigativo infantil que produzia conhecimento, pouco mais tarde se tornaria algo chato e constrangedor para nossos pais, que na maior parte dos casos são nossos primeiros cerceadores da liberdade.

Assim nossa mente começa a entender que questionar gera conflito, e questionar é igual a saber, então isso explica a razão de muitas pessoas no mundo tão pouco saberem da (e sobre a) vida, e raríssimas pessoas saberem tanto. Nossa mente se atrofiou, ficou preguiçosa e voluntária, e não vai responder instintivamente para se lançar a qualquer situação que nos tire da zona de conforto.

Para um melhor entendimento da questão, vou exemplificar um comportamento involuntário:

Estamos respirando, mas não pensamos e nem marcamos hora ou nos policiamos para estar respirando, ou, da mesma forma, pensamos em nosso coração batendo. Isso é um comportamento involuntário, um hábito necessariamente involuntário que responde a autonomia do nosso corpo em seu funcionamento, ou seja, um hábito de não pensar no hábito. É claro que o exemplo aqui referido é apenas metafórico, pois trata do necessário e perfeito funcionamento do nosso corpo.

A estrutura do hábito vai definir que existe um padrão dentro de cada hábito – lembro voluntário – em cada um de nós. Perceberemos que nossos hábitos, qualquer que sejam, tem a mesma estrutura, e pensar singularmente em cada hábito revelará outra necessidade habitual: a de parar para pensar em nossos hábitos, pois essa não é uma prática comum do nosso comportamento, como exemplificamos no parágrafo anterior.

Investir tempo e dedicação na análise dos nossos pontuais comportamentos emitidos, com a fidelidade prática do conhecimento que estou te propondo, irá contrariar completamente a ideia da perda de tempo, pois seremos projetados com grande habilidade de resolver – e com maestria! – situações adversas. Pois, se pararmos para pensar o quanto de tempo gastamos para resolver situações, dificuldades e problemas, que evoluíram a partir de um comportamento nosso expresso de forma inadequada, claramente identificaremos a enorme necessidade de dedicarmos tempo para analisar nossos comportamentos.

Por vezes, uma lista infindável de comportamentos expressos influi em todas as áreas da nossa vida: impulsividade, imperatividade, descontrole emocional, perfeccionismo, medo, altivez, desatenção, indiferença e muitos outros comportamentos estão implicitamente conectados com boa parte dos nossos conflitos, que acabam por acionarem hábitos no campo do conforto para imediatamente saciarem a ideia de uma aparente solução.

Por isso, a falta desse tempo regular de investimento fragiliza toda nossa convivência pessoal e social em qualquer área da nossa vida. Há quem muitas vezes se pegue dizendo que nem a si suporta.

"QUEM ACREDITA SER TÃO BOM QUE NÃO PRECISE

MELHORAR, DECRETOU A FALÊNCIA DA PRÓPRIA VIDA"

E não sede conformados com este mundo, mas sede transformados pela renovação do vosso entendimento, para que experimenteis qual seja a boa, agradável, e perfeita vontade de Deus. **Romanos 12:2**

RECAPITULANDO

» Conhecer como e por meio de qual elemento se constroem os nossos hábitos desde a nossa infância até o ápice da nossa maturidade.

» O núcleo estrutural dos comportamentos é expresso de forma mental, verbal e física.

» É necessário se familiarizar totalmente com os Cinco Elementos do Hábito.

» A estrutura do hábito está ligada diretamente a qualquer padrão de comportamento, ainda que não haja consciência nas ações dos hábitos, eles já estão instalados sem precedência.

» Há um padrão em cada hábito voluntário.

» Os comportamentos expressos influi em todas as áreas da vida, e todos os comportamentos estão implicitamente conectados com boa parte dos conflitos do ser humano.

» A necessidade de um comportamento expresso acionam os hábitos no campo do conforto e assim saciam a ideia de uma aparente solução.

ANOTAÇÕES

A ESTRUTURA DO HÁBITO

HÁBITO E COMPORTAMENTO

Deixe-me explicar a distinção necessária entre hábito voluntário e comportamento involuntário: aqui definimos que todo hábito tem uma estrutura, sendo assim, esses elementos padrões se fundem para a formação do hábito, que por sua vez é expresso no comportamento. No entanto, por se caracterizar em consequência de uma estrutura definida, entende-se que o hábito aconteceu por uma permissividade, ou, sendo mais claro, nós permitimos de alguma maneira a formação dos nossos hábitos. Por isso afirmo que todo hábito é voluntário.

Ao contrário, a maioria dos comportamentos são involuntários, pois eles são normalmente acionados pelos hábitos. Há, sim, muitos comportamentos que são voluntários, tais como a alegria, tristeza, a raiva e outros, quase sempre ligados às nossas emoções. Dificilmente conseguiremos associar um comportamento voluntário à razão, sem o parâmetro de um padrão, cujo hábito tenha sido cuidadosamente trabalhado para atender a expectativa racional.

Então podemos concluir que o hábito é o gatilho do comportamento. É por esse motivo que muitas vezes não temos êxito em nos corrigir e tão pouco corrigir ao outro, pois nosso foco de ação está no resultado final expresso, isto é, o comportamento, e não no hábito que desencadeia o comportamento. E, embora o comportamento seja um reflexo, quase que um espasmo do hábito, são situações distintas, porque o comportamento não tem uma estrutura, é apenas uma situação resultante do hábito.

Interessante notar que um mesmo hábito pode acionar o comportamento em duas ou até nas três áreas de manifestação mental, verbal e física. Cito um exemplo comum: o ato de julgar os outros. Alguém pode pensar e logo falar julgando o outro. Alguém violento igualmente pensa na violência, fala em violência e age violentamente.

Perceba que os distintos comportamentos acima mencionados tem o mesmo hábito; aquilo que qualquer pessoa chamaria de "agir sem pensar", defino simplesmente como impulsividade. E nisso reafirmo que não há qualquer ação que não passe pelo crivo da sua mente, ainda que a velocidade desse pensamento seja uma mínima fração de tempo. Em suma, seguramente toda ação impulsiva foi processada dentro do seu cérebro.

Acontece que sua mente encontrou no hábito que causa sua impulsividade nas decisões um caminho para não ter esforço e, consequentemente, produzir "logicamente" qualquer comportamento diante da circunstância. Ou seja, sua mente pegou um hábito já testado para expressar de forma comportamental em meio a determinada situação, sem fazer esforço de pensar calmamente e até produzir novo comportamento.

Isso nos leva a concluir que muitos comportamentos podem ser aparentemente desconhecidos de nós mesmos, pois nossa mente vai sempre procurar um hábito pronto como alternativa. E digo aparentemente desconhecido porque a automatização e velocidade que a lógica aciona essa reação faz com que isso tudo seja normal a nós mesmos.

Me recordo de duas situações extremamente difíceis e desagradáveis que passei em momentos de minha vida. Quando minha filha tinha pouco mais de 11 meses, estávamos saindo de casa e fui assaltado por dois homens, e ao descer do carro fui instintivamente com as mãos na maçaneta da porta de trás do carro, e quando senti o cano do revólver na minha cabeça, parei e apenas insisti para que deixasse eu tirar minha filha que estava no banco de trás, na cadeirinha de segurança. E assim aconteceu, eles me deixaram tirá-la e fugiram com o carro.

Anos depois, eu estava em uma capital praiana no Nordeste e, chegando no hotel, em um ponto cego das câmeras de vigilância nas proximidades do hotel onde me instalei, pouco mais de oito horas da noite, fui abordado por quatro jovens armados – um quinto ficou no carro em que chegaram e que, depois vim a saber, era roubado. Eu instintivamente dei dois pequenos passos para atrás, percebi que haviam alguns pequenos postes de concreto, e ali tentei rapidamente abaixar e alcançar uma das peças para assim reagir. Felizmente, para o fim da situação, não tive tempo de alcançar. Quando fui alvejado com uma coronhada na cabeça e entreguei uma mochila, somente com algumas apostilas, um celular e pen drive.

Vejam que nas duas situações meu comportamento expresso foi diferente, mas, na primeira, certamente a possibilidade de qualquer movimento ou reação minha que colocasse em risco minha filha conteve toda possibilidade de impetuosidade. Ou seja, ainda que velhos hábitos da minha juventude quisessem acionar comportamentos instintivamente comuns e lógicos daquilo que aprendi – reagir em defesa –, eu pude acompanhar a situação raciocinando com clareza todo o processo até que estivéssemos em segurança.

Quando nos permitimos agir pelo que se afirmam ser instinto, na verdade é um ato de negação da possibilidade de raciocinar reflexivamente em toda e qualquer situação.

Todos precisamos ter antes a consciência de que toda situação, por mais difícil que pareça, pode ser calmamente analisada. É evidente que exercitar e desenvolver hábitos que promovam a capacidade de um raciocínio rápido pode ser muito útil em situações específicas. Contudo, o melhor amigo de um resultado esperado é um bom tempo de reflexão.

"JULGAR ALGUÉM PELO SEU COMPORTAMENTO É

O MESMO QUE AVALIAR UM LIVRO SEM LER"

E por que reparas tu no argueiro que está no olho do teu irmão e não vês a trave que está no teu olho? **Mateus 7:3**

RECAPITULANDO

» Existe uma distinção necessária entre hábito voluntário e comportamento involuntário.
» Todo hábito tem uma estrutura e esses elementos padrões de qualquer hábito se fundem para a formação do hábito.
» O hábito é expresso no comportamento.
» A maioria dos comportamentos involuntários são normalmente acionados pelos hábitos já instalados em nós.
» Há também os comportamentos voluntários como a alegria, tristeza, a raiva e outros, quase sempre ligados às nossas emoções.
» O hábito é o gatilho do comportamento.

ANOTAÇÕES

HÁBITO E COMPORTAMENTO

PRATICANDO (ATIVIDADE 1)

A atividade PRATICANDO é uma forma de reforçarmos as informações aqui absorvidas, de maneira que se tornem verdadeiramente conhecimento, e conhecimento prático, com o qual você, leitor, poderá analisar sua evolução e resultados de forma prática, inclusive com um retrospecto gráfico ao final do livro que você mesmo vai fazer com as orientações que vou te passar.

Seu compromisso, além da completa leitura, é buscar conscientemente a total imparcialidade nas respostas e pontuação das atividades.

Então vamos lá!

Cite cinco comportamentos involuntários desagradáveis, desconfortantes ou reprováveis que você acredita que tem. Defina de forma objetiva, com uma a três palavras no máximo. Feito isso, chame duas pessoas mais próximas de você, sendo uma do seu convívio familiar e outra do trabalho ou convívio social e mostre a elas. Pergunte se elas concordam, ou fariam alguma alteração na sua lista. No ponto que você encontrar unanimidade – ou seja, você, a pessoa mais próxima da sua casa ou família e a terceira pessoa estiverem de acordo –, você anotará, na tabela a seguir, no segundo espaço, apenas os três comportamentos unânimes, e caso seja indicado outros comportamentos que, embora você não tenha lembrando, mas que represente a unanimidade das pessoas consultadas, então você registrará no quadro.

Lista de Comportamentos involuntários – Indicação pessoal

1º	
2º	
3º	
4º	
5º	

Lista de Comportamentos involuntários – Indicação unânime

1º	
2º	
3º	

Muito bem! Já temos três comportamentos de uma centena de outros, mas estes são muito provavelmente os mais evidentes e talvez os "clássicos" das suas caraterísticas predominantes.

Entendendo que o hábito é o gatilho do nosso comportamento, ou até de alguns dos nossos comportamentos, vamos pegar um a um dos três indicados e, em seguida, listar em palavras objetivas três sentimentos que você acredita que te levam a ter tal comportamento. Dê uma nota de zero a dez para o nível de <u>intensidade</u>, ou seja, o quanto isso altera seu estado emocional; nível de <u>indiferença</u>, ou seja, o quanto você percebe que teve o comportamento; e nível de <u>impacto</u>, ou seja, o quanto seu comportamento impacta o ambiente e ou na reação das pessoas.

A orientação numérica para os exercícios não são regras limite para indicação, você poderia citar diversos sentimentos e vários comportamentos, mas em se tratando de sentimentos, você pode explorar outros, mas a minha experiência indica que três apenas já vão definir com clareza o que procuramos. E os comportamentos vão indicar o hábito "gatilho", e este precisa ser trabalhado pontualmente, caso a caso, e como uma obra em andamento, ela precisa de um tempo de análise, estudo, reflexão e estratégia de ação.

Caso você tenha alguma dúvida, volte para a orientação acima de toda atividade PRATICANDO, leia atentamente, e então faça o exercício.

A fidelidade nessa atividade que chamo de MARCO ZERO é fundamental. Pois nenhum resultado desejado poderá ser alcançado sem essa atividade executada criteriosamente tal como foi orientada.

1º Comportamento: _____

Nota de 0 a 10	Intensidade	
Nota de 0 a 10	Indiferença	
Nota de 0 a 10	Impacto	

Descrever três sentimentos que te conduzem:

1º
2º
3º

2º Comportamento: _____

Nota de 0 a 10	Intensidade	
Nota de 0 a 10	Indiferença	
Nota de 0 a 10	Impacto	

Descrever três sentimentos que te conduzem:

1º
2º
3º

3º Comportamento: _____

Nota de 0 a 10	Intensidade	
Nota de 0 a 10	Indiferença	
Nota de 0 a 10	Impacto	

Descrever três sentimentos que te conduzem:

1º
2º
3º

A COMUM TRAJETÓRIA

Desde o nosso nascimento, estamos em constante evolução física. Mas em dado momento, quando a nossa consciência e personalidade estão em formação, somos muito autônomos e facilmente manipuláveis em nossa particular obra de construção. Isso tudo porque nessa fase, ainda muito criança, não temos discernimento, e esta habilidade não é fruto da consciência; quando desenvolvida à medida que crescemos e amadurecemos, o discernimento se torna um hábito que auxilia diretamente na análise de qualquer comportamento, seu ou de outro. Este bom hábito, portanto, vai atuar dentro do campo consciente, podendo dominar características até predominantes da sua personalidade.

Para ser mais claro, observemos que as crianças não nascem com a consciência do julgamento do certo ou errado; elas são orientadas e corrigidas em seu procedimento até que o hábito se instala, ainda que ela não tenha consciência do motivo exatamente. Funciona mais ou menos assim: lembro da minha filha quando chegava perto da estante da sala, com alcance total dos porta-retratos ou de qualquer coisa que ali estivesse, ela olhava para mim e dizia: "não, não". Note que ela não tinha consciência de poder quebrar algo, ou até se machucar; ela tinha consciência de que mexer em algo desagradava seu pai. Um hábito já estava instalado, e muito provavelmente, se ela não fosse trabalhada até hoje, possivelmente sua mente a sabotaria em decisões importantes da sua vida, acessando confortavelmente uma informação consciente já instalada, aquela que faz com que ela não tenha conflitos com seu pai.

Com isso, nota-se que nossa evolução comportamental não acompanha a mesma evolução física, e, embora boa parte dos nossos comportamentos são expressos por meio de hábitos físicos e aparentes, a nossa consciência se torna cativa muito cedo.

Aqui, neste ponto, eu gostaria de chamar a atenção para a trajetória das nossas vidas.

Em um curso que fiz há algum tempo, numa renomada instituição de formação de analistas comportamentais, conheci uma ferramenta simples de aplicação para visibilidade sobre a trajetória cíclica de uma vida em seus resultados, ferramenta que adaptei especificamente para o processo deste livro. Eu a chamo de "linha do tempo".

A linha do tempo de qualquer pessoa se apresentará sempre dividida em três situações:

» Estado Passado
» Estado Atual
» Estado Desejado

Neste caso, um estado leva ao próximo, sempre a começar pelo Estado Passado, e num *loop* de acontecimentos em acontecimentos, esse movimento cíclico projeta automaticamente para o próximo estado, milhares de vezes sem qualquer intervenção, num movimento que sua consciência entende por natural consequência da vida, com reações a padrões e instintos lógicos de reconhecimento.

Olhando fixamente para a linha do tempo, eu o desafio a olhar para o seu estado atual, mas não esquecendo que tudo começou no seu estado passado e, ainda que seu corpo esteja em constante evolução, seus comportamentos podem não ter o mesmo processo, em especial se você desconhece o que estamos abordando aqui.

Este é um momento bastante delicado. Eu mesmo já testemunhei pessoas se deprimindo nesta fase de investimento de grande importância. Por isso, preste a atenção: nossa vida não é o fim, é o meio. Que meio? O meio de nos tornarmos pessoas melhores nessa constante obra. Agora respire fundo, e separe sua vida em departamentos. Casamento, filhos, trabalho, profissão, finanças, amigos, formação, conhecimento, enfim, o que vier a sua mente, e comece a avaliar seu estado atual.

Agora, pense um pouco mais e reflita comigo: se o nosso estado atual é a sequência do meu estado passado, eu e você somos e vivemos o resultado de escolhas passadas, correto? De uma forma mais clara e objetiva, nossos resultados, que são frutos das nossas escolhas, a maioria delas definidas por nossos comportamentos ante as circunstâncias. Ou seja, nossos hábitos definem quem somos hoje, agora, neste exato momento.

Sendo assim, e considerando que a linha do tempo é um processo cíclico da vida, se eu repetir os mesmos hábitos ou os comportamentos que definem na maioria das vezes as minhas escolhas, meus frutos/ resultados serão sempre os mesmos. Talvez com pequenas variáveis mutações por diferentes circunstâncias que a vida sem licença impõe – o que é assustador, quando não se tem o hábito de pensar no hábito. Acontecimentos catastróficos ou traumáticos podem bloquear completamente a possibilidade de evolução de uma pessoa, sem a ajuda de alguém que o conduza a refletir na sua linha do tempo e praticar as técnicas deste conteúdo.

"NINGUÉM QUE QUEIRA MUDAR, ALCANÇARÁ

SEU OBJETIVO FAZENDO AS MESMAS COISAS"

Reconhece-o em todos os teus caminhos, e ele endireitará as tuas veredas. **Provérbios 3:6**

RECAPITULANDO

» Todos quando criança não têm discernimento. Esta habilidade é fruto da consciência, e se desenvolve à medida que crescemos e amadurecemos.

» O discernimento é um bom hábito que atua no campo da consciência e pode ser poderoso para auxiliar diretamente na análise do comportamento.

» Crianças não nascem com a consciência do julgamento do que é certo ou errado. Elas são orientadas e corrigidas em seu procedimento até que o hábito se instala.

» A evolução comportamental não acompanha a mesma evolução física de desenvolvimento.

» Na estrutura adaptada chamada de "linha do tempo" (Estado Passado, Estado Atual e Estado Desejado), um estado leva ao próximo partindo do Estado Passado, num movimento cíclico, sendo projetada automaticamente para o próximo estado.

» Seu Estado Atual é resultado de escolhas passadas.

» Seu Estado Desejado pode ser mudado somente no Estado Atual.

» Desenvolver o hábito consciente de pensar nos hábitos.

ANOTAÇÕES

A COMUM TRAJETÓRIA | **35**

PRATICANDO (ATIVIDADE 2)

Agora que você conhece a linha do tempo, e as três situações que definem nossos resultados presentes e futuros, eu o convido a preencher o quadro abaixo, os três comportamentos listados na primeira atividade PRATICANDO e colocar um comportamento em cada quadro na coluna do *Estado Atual*.

Em seguida você vai olhar para a lista dos três sentimentos que você acredita que te conduzem ao comportamento, também listados na primeira atividade PRATICANDO, e definir em apenas uma única palavra um hábito para estes sentimentos. Definido o hábito, você vai mencioná-lo no seu *Estado Passado*.

Lembrando que, na adaptação desta atividade, seu *Estado Passado* poderia ser composto por fatos, eventos, e assim seria o preenchimento na forma original desta atividade. No entanto, estamos buscando aqui profundidade, e por isso colocaremos os hábitos respectivos identificados para cada comportamento. Afinal, os hábitos, sobretudo os voluntários, já estão instalados há algum tempo.

No seu Estado Desejado, você vai mencionar objetivamente, e em uma só palavra, qual comportamento gostaria de ter, isto é, diferente ou contrário ao *Estado Atual*.

Observe que o hábito já formado em sua consciência, operando instintivamente e muitas vezes na raiz do subconsciente, acionam seus comportamentos atuais, e o distanciam do comportamento que você poderia ter.

Sabendo que seu comportamento interage com a mundo a sua volta, indique abaixo como você considera que este comportamento, o *Estado Atual*, seria aceito por você, se eles fossem de outra pessoa.

– Reprovável *(1 ponto)*
– Inadequado *(2 pontos)*
– Desconfortável *(3 pontos)*
– Aceitável *(4 pontos)*

Estado Atual	Consideração pessoal	Pontos

OS CINCO ELEMENTOS

A partir de agora observaremos a estrutura do hábito. Vamos identificar que em qualquer dos nossos hábitos existe um padrão, e perceber que, bons ou maus hábitos, qualquer que sejam eles, todos têm uma estrutura – exatamente como vai conhecer.

Estrutura do Hábito
- » Sanidade
- » Disposição
- » Decisão
- » Atitude
- » Constância

Possivelmente muitos estudiosos do comportamento humano até discordem da disposição ordenada desta estrutura, mas os convido ao menos a se propor a fazer uma reflexão, cada qual no conceito definido a seguir; certamente haveremos de congruir em muita coisa, e assim reitero a importância de muitas outras técnicas e conteúdos literários disponíveis. No entanto, são raros aqueles que dispõem de ensinamentos autônomos, que ensinam ou preparam pessoas a se desenvolver e ajudar outros a se desenvolverem. Normalmente, temos acessos a maravilhosos exemplos e resultados de sucesso, mas quase todos vinculados à necessidade de um profissional que estimule o desenvolvimento do outro. Talvez meu material traga uma liberdade para homens e mulheres, pais e mães, filhos, profissionais etc, para que possam se desvincular do ceticismo da dependência de controle do outro para decisões e práticas, cujo resultados só depende de uma única pessoa: você.

SANIDADE

Em suma, trata-se de ausência de desordens mentais, mas a constituição da Organização Mundial da Saúde (OMS) afirma: "Saúde é um estado de completo bem-estar físico, mental e social e não apenas a mera ausência de doença ou enfermidade". Uma implicação importante dessa definição é que a saúde mental é mais do que a ausência de transtornos mentais ou deficiências.

Sendo assim, sem o mínimo de sanidade, é improvável ter a voluntariedade do que está sob o domínio da sua mente – o seu corpo. Dessa forma, você não consegue avançar para o próximo elemento. Na estrutura do hábito, a sanidade interage ativamente com a consciência, o que, neste assunto, revela uma profunda necessidade de reafirmação ou transformação.

Reitero: aqui não estamos tratando dos comportamentos involuntários. A sanidade no conceito da estrutura do hábito está conectada com a voluntariedade do acontecimento (ser, fazer, ter ou estar).

Mas neste primeiro elemento da estrutura do hábito, a sanidade, a proposta é convergir a definição para agora mesmo uma nova adoção de práticas mínimas de repetição, para que assim sua mente passe por um verdadeiro saneamento nos pensamentos ou ideias, nas preocupações, nos devaneios, nos excessos e tudo aquilo que você já percebe não ter mais controle.

A plenitude da sanidade fatalmente será alcançada com a prática de todos os elementos do hábito, elaborando práticas dos outros elementos aqui mesmo na sanidade. Porém, é necessário partir de um ponto; então aqui estamos para juntos listarmos todas as atividades mentais que gostaríamos de ter controle.

Um ótimo exemplo para começar a oxigenar coisas boas em nossa mente é parar os programas de filme ou séries pelo menos duas horas antes de dormir, e substituir as últimas horas por um tempo de leitura. Aqueles que não tem o bom hábito da leitura terão maior dificuldade, mas aqui vai uma dica.

Escolha bem o que vai ler. Ao final deste livro, lhe darei uma lista dos principais livros que com tranquilidade você poderá desfrutar. Contudo, se você não tiver a mão alguns deles, procure uma Bíblia na sua casa, qualquer versão que seja, pois neste primeiro momento estamos adotando uma prática para alcançar uma mente totalmente saudável.

Não estamos fazendo a atividade *praticando*, mas te darei uma dica bastante simples para construir um novo e bom hábito. Recorte uma tira de papel, de cor forte, amarela ou verde preferencialmente, ou pinte uma tira de papel branco com caneta "destaca texto" pelo menos a ponta da extremidade que deverá ficar para fora do livro. Nesta ponta você vai escrever "chegada", e do outro lado, "parabéns você conseguiu". Ainda nessa tira de papel, você vai colocar 40 quadradinhos, um sobre o outro verticalmente, de forma que você possa fazer um 'X' para cada dia de conquista.

Feito isso, você vai colocar uma quantidade de páginas, ou um ou alguns capítulos do livro que vai ler, e colocar a tira de papel ao final da quantidade da leitura pretendida para aquele dia. Enquanto estiver lendo, vai notar que página a página, a "chegada" se aproxima. Quando chegar, vire a tira de papel, marque um 'X' no seu primeiro dia de leitura, e *congratulations*!

Sua vista vai estar cansada, mas sua mente em pleno exercício. Estudiosos afirmam que seu cérebro entra em maior atividade à noite e pede por atividade, por isso, tenha todo cuidado e critério com o que você coloca para dentro da sua mente.

Repita isso no dia seguinte, e no outro e no outro por 40 dias seguidos. Coloque o livro na cabeceira da cama, e espalhe lembretes *post it* nos cômodos de principal circulação da sua casa lembrando do seu compromisso de leitura naquela exata hora, ainda que em um ou outro dia você não tenha forças para ler muito, mas que possa manter a prática diária, compensando um tempo maior de leitura no outro dia, mas não deixe de ler um pouco que seja. Isso vai ajudar a se comprometer com este processo prático.

"SANIDADE É TER LOUCURA SUFICIENTE

PARA MUDAR AQUILO QUE FIZERAM DE

VOCÊ NUMA FORMA DE ESCOLA"

O temor do Senhor é o princípio do conhecimento, mas os insensatos desprezam a sabedoria e a disciplina. **Provérbios 1:7**

RECAPITULANDO

» Sanidade é a ausência de desordens mentais, mas a constituição da Organização Mundial da Saúde (OMS) afirma: "Saúde é um estado de completo bem-estar físico, mental e social e não apenas a mera ausência de doença ou enfermidade".

» Sem o mínimo de sanidade, é improvável ter a voluntariedade do que está sob o domínio da sua mente, o seu corpo.

» A sanidade no conceito da estrutura do hábito está conectada com a voluntariedade do acontecimento (ser, fazer, ter ou estar).

» Somente com sanidade é possível convergir para uma adoção de práticas mínimas de repetição onde sua mente passe por um verdadeiro saneamento nos pensamentos.

» A plenitude da sanidade pode ser alcançada com a prática de todos os elementos do hábito.

ANOTAÇÕES

OS CINCO ELEMENTOS

DISPOSIÇÃO

Este elemento tem relação com vários fatores comportamentais e quase que se confunde com o próximo elemento. Aqui, o elemento está intrinsicamente ligado ao querer, que se motiva por reconhecimento de uma necessidade, que só pode acontecer em duas formas:

1. A primeira delas é quando o indivíduo que executa o processo reconhece sozinho que precisa mudar um comportamento, sem uma motivação externa.

2. Quando seu comportamento expresso traz desconforto para fora, sem se incomodar e por vezes até sem perceber. Entretanto, quando percebe o sofrimento alheio – e nisso a necessidade de melhor convivência – o indivíduo decide mudar. Sendo assim, nas duas circunstâncias, a <u>disposição</u> acontece.

A disposição parece algo muito natural, mas, acredite, requer um esforço por vezes grande para estar disposto. Vou citar dois bons exemplos de necessária disposição que eventualmente contraria a nossa vontade: você foi recomendado a fazer exercícios orientados, sob acompanhamento, e precisa ir caminhar, ou até mesmo ir para uma academia, mas o sofá após um dia exaustivo de trabalho é muito mais conveniente, e se tiver uma televisão à frente e quem sabe uma bebida gelada é improvável que a voluntariedade impulsione sua disposição. porque simplesmente não haverá voluntariedade! Você inclinou-se para uma batalha com o seu corpo que é muito grande para você num estágio inicial do processo. Sua mente começa a entrar em conflito e falar com você, sugerindo que os exercícios podem ficar para outra hora, ou que seu corpo não está bem para aquele momento, e por fim você pode sair completamente derrotado nessa primeira tentativa, o que presume um fracasso total. Você precisa ter plena consciência que sua mente precisa ser disciplinada; a mente é uma ótima negociante e ela sempre vai vencer o seu corpo.

Poucas pessoas tem a consciência do gigantesco poder que sua mente tem de negociação sobre seu corpo – mais adiante falaremos disso.

Vejamos como funciona nossa mente em um clássico exemplo entre casais. A esposa convida o marido para ir fazer compras no supermercado, mas após um dia cheio de trabalho, com o sofá, a TV, a bebida gelada diante de si, um possível conflito está prestes a acontecer, mas o marido poderia ter aceito, e aproveitar o caminho para contar seu dia, ouvir o dia da sua esposa e acompanha-la.

A disposição é o elemento cujo acontecimento é o mais rápido em todo o processo da construção do hábito. É como fazer algo acreditando que se faz sem passar em nossa mente, o que é impossível. Por esse motivo é tão importante atentar para nossa disposição, pois aqui há um grande esforço que muitas vezes chega a ser físico.

A disposição é o ponto ápice da razão em todo o processo ao considerar os cinco elementos do hábito. Pois aqui você avalia suas perdas e ganhos, porém, sua visão aqui é muito curta ou até turva, e sua mente vai sempre buscar o conforto e dar comandos para o seu corpo. Sua expressividade será sempre o óbvio, para você e para quem te conhece.

Dessa forma, sem a composição ordenada sequencialmente de toda da estrutura do hábito, com todos os seus elementos, sua percepção e julgamento são fracos. Somos reféns da alienada apatia do ato de não pensar.

Isso me faz lembrar quando os nossos avós, em qualquer situação de agitação, cuja necessidade de decisão resultava num momento de *stress*, nos sugeriam respirar fundo e contar até dez. Desenvolver controle sobre seus pensamentos vai diminuir a velocidades das nossas ações impulsivas, e trazer mais racionalidade em nossas respostas e decisões.

O excesso das informações na palma da mão, e tantas outras ao nosso alcance tem inclusive potencializado a estagnação da nossa mente cativa do que nossos pais, professores, líderes religiosos, amigos e tantos influenciadores que marcaram nosso estado passado. Uma cicatriz no estado atual nos remete para lembranças que não nos permitem fazer algo diferente no presente, tampouco projetar um melhor futuro.

"DISPOSIÇÃO É A CAPACIDADE DE IR

ALÉM DOS NOSSOS LIMITES"

Procure apresentar-se a Deus aprovado, como obreiro que não tem do que se envergonhar e que maneja corretamente a palavra da verdade. **2 Timóteo 2:15**

RECAPITULANDO

- » A disposição tem relação com vários fatores comportamentais que podem até se confundir com o próximo elemento.
- » Este elemento está ligado ao querer, motivado por reconhecimento de uma necessidade.
- » A disposição se apresenta em duas únicas possibilidades.
- » Nem sempre é natural, e isso requer algum (ou muito) esforço, podendo ser até físico.
- » Acontece mais rápido em todo o processo da construção do hábito. Como fazer algo sem a percepção de passar na mente.
- » É o ponto maior da razão em todo o processo se considerarmos os cinco elementos do hábito. Aqui você avalia perdas e ganhos.
- » Sem o conhecimento e a composição ordenada sequencialmente de toda da estrutura do hábito sua percepção e julgamento serão fracos.

ANOTAÇÕES

OS CINCO ELEMENTOS

DECISÃO

Apesar de ser um processo cognitivo que resulta na seleção de uma opção entre várias alternativas, este elemento se conecta com o que chamaremos de "sinônimos absolutos" do elemento que são: definição, escolha e propósito.

Vamos entender melhor:

* Definição: Tem clareza do que quer.

* Escolha: Fez considerações, simulou alternativas e chegou a uma conclusão.

*Propósito: Suas vontades e logo intenções estão comprometidas com o processo da busca.

Este elemento não é o mais importante, mesmo porque pular ou anular qualquer dos elementos irá frustrar a expectativa consciente de qualquer resultado. Mas, sem dúvida, este elemento é o ponto alto do processo. Somente aqui há uma chance para hesitação, e repensar o caminho a ser adotado para o próximo passo na estrutura do hábito.

Portanto, gaste um tempo a mais refletindo sobre este elemento quando estiver construindo um hábito. Simule mentalmente eventos que expressem comportamentos baseados na decisão, e se não estiver satisfeito, adote outro e repita o processo em várias e distintas circunstâncias até que esteja seguro em prosseguir.

Embora exista uma certa simpatia com pessoas decididas, tão simplesmente avaliadas pela velocidade ou radicalismo nas suas ações ou tomadas de decisões, eu quero aqui cuidadosamente lhe dizer algo: não estamos numa corrida da vida, você não tem poder de acelerá-la ou retardá-la, você é um mero expectador de uma vida proposta igualmente a todos, cujo único propósito já foi definido "aos ouvidos dos sensíveis de coração". Não tenha pressa! Estamos falando da sua vida, e do quanto ela impacta primeiramente você, e nas pessoas que você ama, então, tenha sobriedade em tomar calmamente suas decisões, e, se necessário, revise os primeiros elementos, saneando sua mente, avaliando e impulsionando sua disposição.

Lembre-se que o risco de uma decisão precipitada pode ser a amputação de parte de um processo importante no todo. Então você pergunta: Qual é o tempo certo para uma decisão adequada? A resposta está no trocadilho da pergunta: O tempo adequado construindo a base de uma boa sanidade com total disposição me fará tomar uma decisão certa e até rápida.

> "A CONSCIÊNCIA DOS RISCOS APRIMORA A TOMADA DE UMA DECISÃO, MAS TE EXPÕE AO MEDO DE ERRAR. SE FOR TÃO RÁPIDO EM CORRIGIR, COMO FOI EM ERRAR, SERÁ MUITO PRÓSPERO"

> Não temas, porque eu sou contigo; não te assombres, porque eu sou o teu Deus; eu te esforço, e te ajudo, e te sustento com a destra da minha justiça. **Isaías 41:10**

RECAPITULANDO

» Decisão é um processo cognitivo que resulta na seleção de uma opção entre várias alternativas.
» A decisão se conecta com os "sinônimos absolutos" do elemento: definição, escolha e propósito.
» Definição: Tem clareza do que quer.
» Escolha: Fez considerações, simulou alternativas e chegou a uma conclusão.
» Propósito: Suas vontades e logo intenções estão comprometidas com o processo da busca.
» Somente neste elemento há uma chance para repensar o caminho a ser adotado para o próximo passo.
» Gaste mais tempo refletindo este elemento quando estiver construindo um hábito.

ANOTAÇÕES

OS CINCO ELEMENTOS

ATITUDE

É importante conhecer o conceito deste elemento em cada uma das três seguintes ciências, pois elas convergem para uma definição única e comum.

De acordo com a psicologia, a atitude é o comportamento habitual que se verifica em circunstâncias diferentes. Exemplo: o indivíduo que é emotivo, e em qualquer circunstância se expressa com intensidade nos sentimentos; ou, ao contrário, se expressa com indiferença em situações que podem causar a impressão de aparente insensibilidade. Ambos manifestaram diferentes atitudes.

No contexto da pedagogia, atitude é uma disposição subjacente que, com outras influências, contribui para determinar uma variedade de comportamentos, que inclui a afirmação de convicções e de sentimentos a seu respeito e a respeito de ações de atração ou de rejeição.

Exemplo: o indivíduo deseja que algo aconteça exatamente como ele acredita ser o correto; em uma circunstância ele se impõe firmemente, mas em outra ele parece flexibilizar, quando na verdade está construindo um caminho alternativo para fazer acontecer tal como acredita ser o correto.

Na sociologia, atitude consiste em um sistema de valores e crenças, com certa estabilidade no tempo, que o predispõe a sentir e reagir de uma determinada forma perante dados estímulos.

Exemplo: o indivíduo que desde a sua infância foi orientado a não cometer erro algum, e se expressa intolerante e até radical com hesitações alheias, indiferente às proporções e ao arrependimento dos outros. Isso acontece igualmente com comportamentos generalizados de perfeccionismo.

Em suma, todas as definições concordam que este elemento – atitude – define o posicionamento do indivíduo com vistas ao seu objetivo, ainda que situações alheias e cotidianas não reajam conjuntamente para o seu alvo.

Este elemento define claramente um posicionamento, uma ação expressa de onde se quer chegar. Contudo, a atitude é alvo constante da desmotivação – e dos desmotivadores. Sua mente produz algo extraordinariamente destruidor para o elemento atitude, pois a distância até o seu objetivo será um evento forte para suprimir suas forças até enfraquecer sua decidida atitude.

Um exercício muito bom para evitar esse desgaste é fracionar seu objetivo em algumas poucas partes. Será mais ou menos como num processo de emagrecimento. Para alguém que precisa perder 15 quilos, a distância e o tempo são o termômetro do seu nível de comprometimento, e isso vai sempre indicar uma queda na sua motivação, mas ao fracionar seu objetivo, a distância diminui, e cada passo será uma conquista, assim como o exercício do hábito da leitura no elemento da sanidade.

Sua atitude precisa ser intensa, dedicada e fiel ao propósito do processo e seu objetivo. A atitude é o maior movimento da estrutura do hábito, e esse movimento precisa ser forte, firme e convicto.

Se fizer isso, nenhuma atitude sua será a mesma, considerando com fidelidade cada um dos cinco elementos.

"A ESTIMA É APENAS O REFLEXO DA SUA ATITUDE DIANTE DAS ADVERSIDADES, E NÃO ESTÁ CONDICIONADA À VONTADE DA NOSSA NATUREZA, PORTANTO, SE ESFORCE"

"Tudo o que fizerem, façam de todo o coração, como para o Senhor, e não para os homens" **Colossenses 3:23**

RECAPITULANDO

» De acordo com a psicologia, a atitude é o comportamento habitual que se verifica em circunstâncias diferentes.

» No contexto da pedagogia, atitude é uma disposição subjacente que, com outras influências contribui para determinar uma variedade de comportamentos.

» Na sociologia, atitude consiste em um sistema de valores e crenças, com certa estabilidade no tempo.

» Este elemento – atitude – define o posicionamento do indivíduo com vistas ao seu objetivo.

» A atitude é alvo constante da desmotivação – e dos desmotivadores.

» A distância do seu objetivo será um evento forte para suprimir suas forças e até enfraquecer sua atitude.

» Fracione seu objetivo em algumas poucas partes, e evite desgaste emocional.

» Sua atitude precisa ser intensa, dedicada e fiel ao propósito do processo e seu objetivo.

ANOTAÇÕES

CONSTÂNCIA

Aqui encontra-se o elemento mais desafiador no processo de construção do hábito, pois conflita com ausência da disciplina e o gosto, ou prazer, no comportamento expresso.

Isso explica porque muitos dos nossos hábitos não necessitaram da nossa disciplina. Certamente, na maioria, o primeiro elemento da estrutura do hábito, a sanidade, sugeriu algum prazer no processo de construção, ainda que não tivéssemos ideia alguma que os hábitos tivessem uma estrutura sequer.

Mas note que viver no piloto automático é muito perigoso, e sem perceber estamos absorvendo informações em nosso comportamento. Precisamos ter a consciência que somos sócios minoritários da nossa existência, e, portanto, não somos o carona no carro da nossa vida, fazendo jus ao livre-arbítrio que temos, por isso, muito cuidado: a casa é sua, e você dá permissão ao que deve entrar ou sair.

O elemento da constância não trata apenas da assiduidade e frequência, mas eleva a prática do seu significado, envolvendo perseverança, insistência e até obstinação ao que se propôs, de tal forma que os novos hábitos expressos fluam naturalmente, sem a necessidade de técnicas ou marcas mentais.

Sem este elemento, com literalmente o compromisso de prática e exercício, não se constrói um novo hábito. Meu irmão, por exemplo, é um grande e assíduo espectador de Fórmula 1, e se mostra até muito conhecedor do assunto por sua constante prática em repetir o seu conhecimento sobre os carros, eventos, circuitos e edições.

É Interessante e notável que, repetindo este processo cíclico de um conhecimento que ali já está e o faz com tanta naturalidade, passando quase por um exímio entendido, ele pode acrescentar mais conhecimento sem a necessidade de esvaziar o que já adquiriu.

Mas o fato aqui é que eu, mesmo não entendendo muito ou quase nada do que ele insistentemente me repete, absorvi a importância do tempo em suas micro frações que acontece numa competição de corrida de carros. E mais, percebi que se houver constância na performance conjunta do piloto e carro, em seus milésimos de segundos por volta à frente do segundo colocado, ele se manterá sempre na frente e talvez até mais distante do seu oponente.

A riqueza deste exemplo é espetacular. Pois muita coisa vai conspirar contra o processo de construção do habito e lutar com sua mente e seu corpo para distanciar você do seu objetivo, assim como o piloto: o vento, a chuva, os retardatários, as distrações, e muito mais.

Podemos afirmar que este elemento, a constância, é merecedora da máxima atenção, foco e dedicação. Exatamente aqui, sua mente começa a entrar num processo disciplinar para a retomada de controle positivo em tudo que você expressa pensando e agindo. As grandes batalhas serão travadas neste elemento, quando os quatro hábitos se alinharam para um processo, e a sua mente desafia sua própria consciência agora já estabelecida. Retome o controle! Se você dominar sua mente, você domina seu corpo.

> "A CONSTÂNCIA É A MAIOR CRISE CONTRA
>
> A NATUREZA DO SER HUMANO"

Meus irmãos, considerem motivo de grande alegria o fato de passarem por diversas provações, pois vocês sabem que a prova da sua fé produz perseverança. E a perseverança deve ter ação completa, a fim de que vocês sejam maduros e íntegros, sem lhes faltar coisa alguma. **Tiago 1:2-4**

RECAPITULANDO

» A constância conflita com ausência da disciplina ou prazer no comportamento expresso.

» A maioria dos hábitos instalados não necessitam de disciplina.

» A prática do seu significado envolve perseverança, insistência e obstinação ao que se propôs.

» Sem este elemento não se constrói um novo hábito.

» Na constância, sua mente começa a entrar num processo disciplinar para retomar o controle de tudo que você expressa.

ANOTAÇÕES

OS CINCO ELEMENTOS

A LINGUAGEM DA MEMÓRIA

Difícil abordar este assunto sem o uso de expressões e conteúdos técnicos, bem como livros e artigos que embasam a proposta literária deste livro. Busquei as melhores referências para entrar no ponto alto da compreensão do funcionamento da nossa mente, para que o processo se construa em profundo nível de conhecimento, e todo este trabalho não se resuma a qualquer método de repetição.

A neurociência nasceu e se consolidou com o objetivo entender o funcionamento do sistema nervoso, tanto em nível funcional como estrutural. A disciplina tenta saber como o cérebro se organiza, desvendando o funcionamento do cérebro, e a repercussão que esse funcionamento tem sobre comportamentos, pensamentos e emoções.

A neurociência e a psicologia relacionam o cérebro com a mente, traduzindo no que chamamos de "neurociência cognitiva", em que se estabelece o funcionamento do cérebro com as nossas capacidades cognitivas e nossos comportamentos. Fato é que a psicologia sempre foi uma forte aliada da neurociência, realizando importantes contribuições, por meio de teorias sobre o comportamento e o pensamento.

Dentro da neurociência, a neurociência cognitiva tenta descobrir como funcionam as funções superiores como a linguagem, memória ou a tomada de decisões. A neurociência cognitiva tem como objetivo principal estudar as representações nervosas dos atos mentais. Ela se concentra na repercussão do que ocorre no nosso cérebro, em nosso comportamento e nossos pensamentos em que foram detectadas áreas específicas do cérebro encarregadas de funções sensoriais ou motoras, mas somente representam uma quarta parte do total do córtex. São as áreas de associação, que não possuem uma função específica, as encarregadas de interpretar, integrar e coordenar as funções sensoriais e motoras. Seriam, portanto, as responsáveis pelas funções mentais superiores. Já as áreas cerebrais que governam as funções como a memória, o pensamento, as emoções, a consciência e a personalidade são muito mais difíceis de localizar.

As outras áreas às quais se estende o processamento das emoções são a amígdala e a face orbitária e medial do lóbulo frontal. A ação conjunta e complementar de tais regiões constitui um sistema motor emocional. As mesmas estruturas que processam os sinais emocionais participam de outras tarefas, como a tomada racional de decisões e, inclusive, os julgamentos morais.

Os núcleos viscerais e motores somáticos coordenam a expressão do comportamento emocional. A emoção e a ativação do sistema nervoso autônomo estão intimamente ligadas. Sentir qualquer tipo de emoção, como medo ou surpresa, seria impossível sem experimentar um aumento na frequência cardíaca, transpiração, tremor. Tudo isso faz parte da riqueza das nossas emoções.

Atribuir a expressão emocional a estruturas cerebrais confere sua natureza inata. As emoções são uma ferramenta adaptativa que informa às outras pessoas sobre o nosso estado emocional. Foi demonstrada a homogeneidade na expressão de alegria, tristeza, ira e outras em diferentes culturas. É uma das maneiras que temos de nos comunicar e criar empatia com as pessoas.

Aqui consolidaremos a tese do processo que proponho neste livro: A memória. E o que é a nossa memória? A psicologia a define como um processo psicológico básico que remete à codificação, armazenamento e à recuperação da informação aprendida.

O motivo pelo qual a memória configura um tema tão importante é que nela reside boa parte da nossa identidade. Por outro lado, apesar do esquecimento no sentido patológico preocupar profissionais e cientistas da área, a verdade é que nosso cérebro precisa descartar informações inúteis para dar lugar a novos aprendizados e acontecimentos significativos. Nesse sentido, o cérebro é um especialista em reciclar seus recursos. Dessa forma, a ressignificação cuja proposta deste livro nos acompanha desde o início da sua leitura, está completamente defendida por esta matéria textual adaptada do site "A Mente é Maravilhosa", repleto de fontes literárias extraordinárias.

" DEFINITIVAMENTE A MENTE NÃO É UM DEPÓSITO.

MAS GUARDAR O QUE NÃO FAZ BEM É UMA ESCOLHA"

Bem-aventurado o homem que acha sabedoria, e o homem que adquire conhecimento. **Provérbios 3:13**

RECAPITULANDO

» A neurociência e a psicologia relacionam o cérebro com a mente, traduzindo no que se chama de "neurociência cognitiva".

» A neurociência cognitiva tenta descobrir como funcionam as funções superiores como a linguagem, memória ou a tomada de decisões.

» A neurociência cognitiva tem como objetivo principal estudar as representações nervosas dos atos mentais.

» A psicologia define a memória como um processo psicológico básico que remete à codificação, armazenamento e à recuperação da informação aprendida.

ANOTAÇÕES

A LINGUAGEM DA MEMÓRIA | 65

O PODER DA MENTE

Sempre me questionei como Davi, cuja grandeza como rei e história exageradamente poetizada por contadores religiosos não foram suficientes para ofuscar as tristes histórias de rejeição, preconceito, assassinato, chacina, adultério e homicídio, é por fim tido como um homem segundo o coração de Deus.

Leio então o Salmo 26, e especificamente nos versículos 2 e 3, reconheço uma consciência claramente rendida a fazer a vontade de Deus segundo Sua própria Palavra. Submetendo a mente ao exame d'Aquele que sabe todas as coisas e de quem nada pode se esconder. Davi foi um homem que conheceu o lado obscuro do ser humano, tendo ele próprio experimentado situações das quais com muita dor se arrependeu profundamente, e assim percebeu que submeter completamente seus pensamentos a Deus poderia fazê-lo evitar repetir erros já experimentados.

Muitos dos leitores deste livro possivelmente não tenham uma relação de intimidade com Deus, e reitero que o propósito aqui é oferecer técnicas para comportamentos menos conflitantes consigo mesmo, e por isso lembro da orientação de Moisés, ele sabia que muitos entre a multidão não tinham uma relação de intimidade ou dependência de Deus, assim como muitos neste momento da leitura, mas isso não é um problema, desde que você tenha sua atenção voltada para o que deve ser feito daqui pra frente em relação a este assunto. Contudo, se você deseja prosseguir sozinho, tenha desde já a plena consciência da necessidade de dominar seus pensamentos desenvolvendo o controle da sua mente, começando talvez com uma simples marca mental.

Você precisa entender que em todo desafio, você começa fazendo o fácil, depois o difícil e quem sabe, e por certo com a ajuda de Deus, até o impossível você poderá fazer.

> "O nosso pensamento é a base de nossas decisões e, por consequência, do nosso destino. Então, controlar a sua mente é o caminho mais direto para influenciar os acontecimentos e se adaptar da melhor maneira aos imprevistos.
>
> Com esse domínio, além de pensar e planejar melhor, você pode passar a ter outra atitude diante da vida, o que resulta em menos sofrimento e mais felicidade. Esse sentimento vem da *compreensão do seu propósito e de como proceder para realizá-lo*. As suas conquistas serão nada mais do que a confirmação de que o caminho seguido é o correto.

Pode-se dizer que controlar nossos pensamentos é tão importante quanto o domínio dos movimentos do corpo, pois deles nascem os sentimentos e as paixões que podem nos causar grande dor ou elevar nosso potencial até a altura em que estão nossos sonhos e objetivos.

Uma vez que se conhece como funcionam as nossas engrenagens mentais, torna-se possível direcionar a sua operação para a conquistas dos nossos sonhos e objetivos. Os limites de cada pessoa passam a depender apenas da vontade e do esforço pessoal dela.

Outro ganho está relacionado com o desempenho: *quanto mais se usa a mente de maneira ativa, mais as falhas de entendimento e a fraqueza diante de vícios de comportamento diminuem consideravelmente* — o que significa um aumento na eficiência pessoal, que será impossível passar despercebido.

Por isso, não é exagero afirmar que o controle da mente está na base e influencia diretamente a sua prosperidade, saúde, qualidade de vida e disposição. Seus pensamentos são o ponto de partida para alcançar a evolução pessoal e para fazer do mundo um lugar melhor, por meio do auxílio às outras pessoas."

Texto de Wendell Carvalho

O texto acima é, sem dúvida, uma das melhores definições que traduzem a necessidade de se dominar a mente. E não é uma tarefa fácil, mas uma ação de bons resultados, e elas podem ser seguidas por repetições de autoafirmações que seguramente vão cooperar no processo de exercitar o seu domínio mental.

Comece por acontecimentos óbvios na sua rotina, aqueles que acionam pensamentos incontroláveis. Trabalhe sempre um a um, identifique sua fragilidade, e mentalize uma saída para o momento seguinte, antes do pensamento indesejado, talvez um desvio de olhar e pensamento, um gesto físico que remeta você a necessidade do autocontrole, enfim, você mesmo, e somente você poderá localizar uma alternativa adversa aos pensamentos conflitantes diante das circunstâncias.

Persevere diariamente em tal prática, e não se permita em momento algum acreditar que você está livre dos maus pensamentos. Sua mente vai tentar sabotar você o tempo todo, presumindo, conjecturando, adivinhando, atinando seus pensamentos, projetando como flerte em qualquer possibilidade.

Nossa mente funciona como uma barragem enorme de água; basta apenas uma pequena rachadura ou fenda e nossos pensamentos vão para muito longe e às vezes de forma devastadora. Por isso, pequenos exercícios, crescendo pouco a pouco, lhe darão o domínio a ponto de você permitir que sua mente criativa vá apenas para onde você quiser, dando ainda mais força ao que quer conquistar, uma vez que, sob o controle da sua consciência, a força dos pensamentos quando liberada terá muito mais potência, uma vez que você bloqueou outros canais descontrolados que agora estão sob o seu controle.

> "NOSSAS MAIORES BATALHAS SÃO TRAVADAS
>
> DENTRO DA NOSSA PRÓPRIA MENTE"

Tenha cuidado com o que você pensa, pois, a sua vida é dirigida pelos seus pensamentos. **Provérbios 4:23**

Pesquisei diversos conteúdos literários para uma definição mais específica de "Marca Mental", mas boa parte das definições rementem quase sempre a estratégias de marketing e vendas, que impulsionam vorazmente as pessoas ao consumo, às vezes compulsivo e desnecessário.

Cores, frases, sons e imagens são normalmente os recursos de empresas e seus produtos para consolidar uma ideia de crença. Há ainda artistas de todos os gêneros e políticos que se utilizam da mesma estratégia para alcançar seus objetivos.

Mas a marca mental, no propósito ideologicamente idôneo deste livro, refere-se a algo que te remeta a uma lembrança do que se deve ou não deve fazer, um estimulo até para o autocontrole do comportamento expresso.

Muitos hábitos, inclusive, se desenvolveram sob essas marcas mentais, que como tatuagens e cicatrizes, acessam a memória de um acontecimento, manifestando o comportamento, na maioria das vezes infelizmente desagradável.

Entendamos a marca mental como um recado muito importante escrito em letras garrafais numa agenda que você precisa para um pequeno passo que te conduzirá para um objetivo maior. Muitas vezes, este pequeno passo é nada menos que uma excelente e eficaz estratégia para o grande desafio do "autocontrole".

É difícil conceber que seja possível construir uma marca mental, contrária à ideia da maioria das marcas mentais que se construíram em nós, já que boa parte são frutos de possíveis dores ou sofrimentos, mas, sim, é totalmente possível, embora algum desconforto inicialmente possa ser inevitavelmente necessário.

Vou citar meu próprio exemplo. Em meu relacionamento profissional, sempre fui muito ávido em falar, e falar sem pensar. Em momentos mais tensos, também não comedia minha hábil e pesada fala, por vezes até desaforos, que em nada me ajudavam, acionando os meus maus hábitos, me colocando quase sempre em desconfortáveis situações. Além de construir uma imagem de alguém reconhecidamente difícil e intempestivo, eu equivocadamente me empoderava de um sentimento de autoafirmação, acreditando na mentira de estar ainda assim coberto de razão na minha errada postura comportamental.

Foi apenas quando desejoso por uma profunda mudança, entendi que mudar a relação minha com as pessoas, em qualquer ambiente, ia requerer muito mais que tão somente desejar a mudança no outro, mas antes ser o primeiro a mudar.

Comecei a revisar alguns conteúdos literários, muitos deles que até já conhecia, mas por algum motivo havia dentro de mim a consciência da *sanidade e disposição*, e não demorou muito para que eu estivesse completamente disposto (*dispo-*

O PODER DA MENTE | 71

sição) para fazer cursos e buscar todo tipo de conteúdo, para assim ressignificar esse mau hábito.

A fé sempre foi uma grande aliada do que eu acredito, e por isso estudei muitos homens da Bíblia que ressignificaram com muita perseverança seus maus hábitos, e os tornaram personagens dos quais nós relembramos hoje como se seus acontecimentos tivessem ocorrido no século passado. Em muitas passagens vemos o cuidado de Deus acerca da orientação para os cuidados com os pensamentos e as possibilidades da nossa mente. Já no quinto livro da Bíblia, é referido explicitamente e com total clareza em Deuteronômio, capítulo 11, versículo 18, quando logo após uma sequência de orientações do Povo de Israel, Moises reforça até com a prática de uma marca mental para que não se esquecessem das maravilhas que Deus havia feito a eles.

Sempre gostei muito de usar anel, no dedo direito anelar, e buscando uma marca mental que me trouxesse a memória imediata da ressignificação do meu hábito para um comportamento expresso adequado, sóbrio e sensato em cada conversa, reunião ou situação onde a clareza da minha contribuição fosse imprescindível, decidi mandar fazer um anel.

Poderia ter comprado qualquer um e talvez para qualquer pessoa ele tivesse o mesmo efeito, mas como eu já tinha o gosto por usar anel, encomendei um muito especial, em ouro, com uma pedra vermelha e duas imagens impressas a laser em cada lado: o rosto de uma águia e o rosto de um leão.

Embora as imagens tenham um significado importante, e certamente interagem com a ressignificação de outros hábitos, o anel especificamente passou a me remeter a necessidade de autocontrole, de prestar a atenção quando minha mente se dispersasse, de falar somente o necessário quando necessário, de manter o mesmo tom de voz em qualquer circunstância, e ouvir atentamente a todos.

Obviamente você está curioso para saber o significado das imagens impressas; pois bem, a águia representa visão, o leão representa força, e a pedra vermelha sacrifício, o preço mais alto já pago por alguém na história da humanidade. Certamente é fácil de concluir o que cada uma dessas imagens representa para o meu dia a dia.

> "JESUS ENSINOU O CAMINHO. VISÃO, FORÇA E SACRIFÍCIO SÃO ATRIBUTOS DE QUEM SABE ONDE QUER CHEGAR"

Para que o homem de Deus seja perfeito,
e perfeitamente instruído para toda
a boa obra. **2 Timóteo 3:17**

RECAPITULANDO

» Davi tinha uma consciência claramente rendida a fazer a vontade de Deus.

» Moisés expressa misericórdia, pois sabia que muitos entre a multidão não tinham uma relação de intimidade ou dependência de Deus.

» Dominar seus pensamentos desenvolvendo o controle da sua mente, começando talvez com uma simples marca mental.

» Repetições de autoafirmações vão cooperar no processo de exercitar o seu domínio mental.

» Sua mente vai tentar sabotar você o tempo todo.

» Muitos hábitos se desenvolveram sob marcas mentais, acessando a memória de um acontecimento, manifestando o comportamento.

» Marca mental é como um recado muito importante escrito em letras garrafais numa agenda que você precisa para um pequeno passo que te conduzirá para um objetivo maior.

ANOTAÇÕES

CRIANDO MUSCULATURA

A metáfora do título deste capítulo define exatamente o que vamos abordar aqui.

O cérebro é um órgão constituído de fibras ou grupamentos de neurônios, com milhões de milhares de células que formam uma massa visivelmente branca e cinzenta, aparentemente muito parecida como o miolo de uma noz, e, portanto, nosso cérebro não é um músculo, mas requer igualmente exercícios para fortalecimento e exploração neural de outras áreas de acesso.

Ter uma mente saudável e ativa é fundamental para desfrutar de uma vida mais consciente e melhorar diferentes aspectos da sua vida.

A mente pode ser cultivada física e espiritualmente, porque somos um todo conectado e, se algo falha, é possível sentir esse algo em toda a nossa essência. Portanto, exercitar e fortalecer a mente é importante para melhorar o rendimento cerebral.

Agora que entendemos a importância de desenvolver a "musculatura" daquilo que neste conteúdo produzimos consciência, vamos olhar para os hábitos que você indicou no seu *Estado Atual* da última atividade PRATICANDO e parear com os cinco elementos. Vai ser chocante quando perceber que toda a estrutura do hábito está contida dentro de cada hábito seu. Talvez até uma certa repulsa se manifeste nesse momento, mas tenha calma: você mesmo vai tratar isso como um problema no encanamento da sua casa, vasculhando, identificando, conhecendo o problema e oferecendo soluções alternativas. Você vai ressignificar para crescer.

Antes quero lhe ajudar de uma forma muito simples a compreender definitivamente o conceito mais prático que imaginei para a definição da palavra "ressignificar".

Note que já existe um caminho definido no hábito, que por sua vez desencadeia seu comportamento. Esse caminho é longo, exaustivo, sinuoso e por isso pode causar danos a você e a outras pessoas, comprometendo todo o resultado do que se espera. Lembro que não conhecemos a procedência da grande maioria dos nossos bons e maus hábitos – sobretudo os maus, dos quais ansiamos por nos livrar deles – podem ter origem em momentos muito marcantes e até traumáticos. Por esse motivo, a imagem propõe claramente o conceito de ressignificação.

O que vamos fazer é construir uma ponte de novo hábito sobre o velho caminho, dando acesso livre para experimentar o que se acredita ser um comportamento no mínimo adequado, contrário ao *Estado Atual*. Em outras palavras, você vai construir um novo hábito e deixá-lo numa gaveta aberta e, ao contrário, engavetar o velho e indesejado hábito, trancar e jogar fora a chave de acesso.

"O ÔNUS DE QUALQUER VITÓRIA
SERÁ SEMPRE UM SACRIFÍCIO"

Mas aqueles que esperam no Senhor renovam as suas forças. Voam alto como águias; correm e não ficam exaustos, andam e não se cansam. **Isaías 40:31**

RECAPITULANDO

» O cérebro não é um músculo, mas requer
igualmente exercícios para fortalecimento.
» Ter uma mente saudável e ativa é fundamental
para desfrutar de uma vida mais consciente.
» A mente pode ser cultivada física e espiritualmente.
» Ressignificar para crescer.
» Ressignificar é como construir uma ponte
de novo hábito sobre o velho caminho.

ANOTAÇÕES

CRIANDO MUSCULATURA

PRATICANDO (ATIVIDADE 3)

Aqui está a principal atividade do processo. Você vai efetivamente começar a "praticar" o que já foi aprendido até aqui.

Coloque na linha abaixo um, apenas um dos três comportamentos do seu *Estado Atual* que julga ser o mais importante na sua ideia de prioridade, um hábito a ser ressignificado.

Feito isso, você vai escrever objetivamente, na linha seguinte, qual comportamento você gostaria de expressar contrariamente ao comportamento acima.

Agora, você está certo que o comportamento mencionado nesta atividade PRATICANDO não expressa o comportamento do seu *Estado Desejado*, e, portanto, reforçamos a ideia de ressignificar o gatilho do hábito em questão.

A seguir, reflita calmamente, projete e simule na sua mente comportamentos que você acredita que seriam melhores, e sugira três hábitos que podem estimular o comportamento do seu *Estado Desejado*.

1º
2º
3º

Analise cuidadosamente cada um deles, e simule em sua mente situações que te levariam ao velho comportamento; se você entender que os hábitos indicados não te conduzem ao comportamento indesejado, então estamos no caminho certo. Porém, se ainda não deu certo, mentalize um comportamento surpreendentemente diferente, revise os hábitos indicados e verifique. Em seguida, confirme se algum deles foi o caminho do comportamento desejado. Faça isso até conseguir identificar com clareza hábitos realmente impulsionadores do comportamento desejado. Ao conseguir simular mentalmente, volte para os hábitos e indique apenas um deles que te conduziu ao comportamento que você projetou em sua mente.

Vamos fazer mais algumas indicações; quais outros comportamentos você acredita que está conectado ao hábito acima indicado. Caso tenha identificado, indique nas linhas a seguir.

1º
2º
3º

Caso tenha indicado três outros comportamentos acionados pelo hábito indicado anteriormente, você realmente consolidou o conhecimento proposto até aqui, e assim concluímos que um mesmo e único hábito pode acionar vários comportamentos, e é claro que isso não é uma regra, mas especificamente nesta atividade, evidencia a profundidade do seu aprendizado.

Agora, vamos exercitar essa musculatura, praticar e simular diariamente.

Colocamos a seguir uma tabela para que você registre cada um dos dias em que exercitou sua projeção de comportamento, lembrando que seu foco é ressignificar o hábito indicado. Então a prática do autocontrole será fundamental para amadurecermos o resultado esperado, ou seja, o *Estado Desejado*.

Algumas dicas podem compor seu hábito e desenvolver marcas mentais instintivas em qualquer situação, como: respiração mais profunda e lenta, juntar as mãos com dedos entrelaçados, cruzar das pernas, imobilizar movimentos por alguns segundos etc.

Associe alguma dessas dicas ou outra que mais confortavelmente se adeque ao hábito; depois, trabalhe, projete repetidamente por 10 minutos, e pronto. Ficou satisfeito com o resultado da projeção mental? Se sim, ótimo! O exercício do primeiro dia está feito. Caso o resultado não tenha sido satisfatório, simule outro ambiente, outro comportamento e resultado, zere tudo e recomece. Evite avançar para o segundo dia, sem que convictamente você tenha a projeção do comportamento ideal.

No outro dia, em um horário diferente, repita o exercício. Faça isso, todos os dias até o quadragésimo dia, preferencialmente em horários diferentes, mas seja fiel e comprometido com os horários marcados. Tente agendar sempre um dia antes o horário do dia seguinte, isso vai produzir naturalmente um hábito e comportamento disciplinar.

Fazer em horários diferentes, vai explorar os diversos cenários do seu estado emocional durante o dia, e em todos os dias da semana. Pois sabemos que as circunstâncias, por mais previsíveis que possam ser, não marcam horário para nos provar.

Data inicial dos exercícios: _____ /_____ /_____

1º	2º	3º	4º	5º	6º	7º	8º	9º	10º
11º	12º	13º	14º	15º	16º	17º	18º	19º	20º
21º	22º	23º	24º	25º	26º	27º	28º	29º	30º
31º	32º	33º	34º	35º	36º	37º	38º	39º	40º

Data final dos exercícios: _____/_____/_____

O número 40 aparece frequentemente na Bíblia, e com frequência em contextos que lidam com julgamento ou provações.

Muitos estudiosos o entendem como sendo o número de "provação" ou "aflição". Isso não significa que 40 seja inteiramente simbólico, pois ainda tem um significado literal nas Escrituras, mas de fato parece que Deus escolheu esse número para ajudar a enfatizar os momentos de dificuldades e provações em diversas histórias na Bíblia.

Observe cuidadosamente a quantidade de vezes e os momentos em que são relacionadas todas as referências bíblicas a seguir e seus marcantes eventos.

No Antigo Testamento, quando Deus destruiu a terra com água, Ele fez chover 40 dias e 40 noites *(Gênesis 7:12)*. Depois que Moisés matou o egípcio, ele fugiu para Midiã, onde passou 40 anos no deserto cuidando dos rebanhos *(Atos 7:30)*. Moisés esteve no Monte Sinai por 40 dias e 40 noites *(Êxodo 24:18)*. Moisés intercedeu em nome de Israel por 40 dias e 40 noites *(Deuteronômio 9:18, 25)*. A Lei especificava um número máximo de chicotadas que um homem poderia receber por um crime, e esse limite era 40 *(Deuteronômio 25:3)*. Os espiões israelitas levaram 40 dias para espionar Canaã *(Números 13:25)*. Os israelitas vagaram por 40 anos *(Deuteronômio 8:2-5)*. Antes da libertação de Sansão, Israel serviu os filisteus por 40 anos (*Juízes 13:1*). Golias provocou o exército de Saul por 40 dias antes de Davi chegar para matá-lo (*1 Samuel 17:16*). Quando Elias fugiu de Jezabel, ele viajou 40 dias e 40 noites para o Monte Horebe (*1 Reis 19:8*).

O número 40 também aparece nas profecias de Ezequiel (*4:6; 29:11-13*) e Jonas (*3:4*).

No Novo Testamento, Jesus foi tentado por 40 dias e 40 noites (*Mateus 4:2*). Houve também 40 dias entre a ressurreição e a ascensão de Jesus (*Atos 1:3*).

Se o número 40 realmente tem algum significado, isso ainda é debatido. Definitivamente o número 40 parece enfatizar uma verdade espiritual, mas devemos salientar que a Bíblia em nenhum lugar especificamente atribui qualquer significado especial ao número 40.

Algumas pessoas dão muita importância à numerologia, tentando encontrar um significado especial por trás de cada número da Bíblia. Muitas vezes, um número na Bíblia é simplesmente um número, inclusive o número 40. Mas seguramente há verdades mais que suficiente nas palavras claras das Escrituras para satisfazer todas as nossas necessidades e nos tornar *perfeito e perfeitamente habilitado para toda boa obra* (*2 Timóteo 3:17*).

De qualquer forma, ao analisar cada um dos fatos e eventos associados ao número 40, entendi que este número marca um processo de transformação evidente no ser humano.

O período assim definido soa como um tempo probatório, e nos desafia num primeiro momento; noutro, expõe nossa fraqueza, e então parece que somos conectados com uma fonte de conhecimento maior e assim tomados de obstinação ao propósito de melhor crescer e ser.

Me recordo de um ótimo filme, *A prova de fogo*, que retrata um casal que está se separando e antes de sair o divórcio, o homem recebe do seu pai um livro com 40 desafios para fazer ao longo de 40 dias. Desafios esses que podem salvar o casamento dele. Recomendo o filme!

Nossa proposta aqui, desde o começo, tem sido ressignificar, mas para fazer isso sem que precise necessariamente acessar momentos e situações desagradáveis até onde foram impressas as cicatrizes da memória que desencadeou o hábito. Você vai precisar reunir muita força, e persistir em cada dia, entendendo que você, apenas você, é o seu maior desafio em todo o processo. E por esse motivo, pensando em evitar o acesso da dor passada e profunda, além das dores habituais resultantes dos comportamentos indesejados, que passei a trabalhar no que chamo de "PRO-40", ou Processo Quarenta.

Um processo totalmente autodisciplinar, que vai conduzir as fazes da nossa natureza em qualquer processo de transformação. Nos primeiros dias, a mente desafiada vai se lançar avidamente e com disciplina, mas logo virá a fadiga, o cansaço e a falta de fé. O desânimo vai tentar te abater, mas não pare, e todo dia diga para si mesmo: "Mais um dia para trás e menos um para frente". Não desista!

Quando chegar na metade do PRO-40, comemore muito, registre esse feito, compartilhe com quem você sabe que vai se alegrar com você e siga em frente. Logo, as pessoas do seu convívio, do trabalho, e todos que você ama vão notar algo diferente em você. Talvez até pensem que está doente, precisando de ajuda, ou desdenhe seu novo comportamento, mas persevere, siga em frente. Em algum momento tudo que é novo se torna normal para todos.

Ninguém vai oferecer resistência ao seu desejo de mudança, mas todos vão reagir quando perceberem a diferença em seu comportamento.

Ao chegar nos últimos dias, os exercícios se tornam muito mais fáceis, já não haverá mais cansaço, porém ainda haverá os incrédulos, mas lembre-se; não se trata deles, mas de você, de Deus e para aquilo que Ele o fez: para vencer.

Ao final, você não lembrará mais onde é aquele antigo caminho, aquele que acionava seu indesejado comportamento. Você terá apenas lembrança do comportamento, mas todo o hábito não será mais acessado e, portanto, o comportamento não deve mais ser acionado, pois você ressignificou seu comportamento resultante por meio de um novo caminho, uma ponte por sobre a velha ponte, um hábito inteligentemente desenvolvido para alcançar o seu esperado resultado, seu *Estado Desejado*.

"O SEGREDO DA MUDANÇA É O FOCO NA CONSTRUÇÃO DO NOVO E NÃO NA LUTA CONTRA O VELHO"

Mas, sejam fortes e não desanimem,
pois o trabalho de vocês será
recompensado". **2 Crônicas 15:7**

RECAPITULANDO

» A Bíblia não atribui qualquer significado especial ao número 40.

» Há verdade mais que suficiente nas palavras claras das Escrituras para satisfazer todas as nossas necessidades.

» A medida de tempo desafia e até expõe, para só depois conectar a fonte de conhecimento maior.

» Acesse momentos e situações desagradáveis até o ponto em que foram impressas as cicatrizes da memória que desencadeou o hábito.

» O desânimo vai tentar te abater.

» Comemore muito cada conquista, registre e compartilhe com as pessoas que vão se alegrar com você e siga em frente.

» Ninguém vai oferecer resistência ao seu desejo de mudança, mas todos vão reagir quando perceberem a diferença em seu comportamento.

» Nos últimos dias, os exercícios se tornam muito mais fáceis.

ANOTAÇÕES

CRIANDO MUSCULATURA | 89

TRANSFORMANDO RESULTADOS

Aqui entendemos que os resultados, aquilo que verdadeiramente importa do ponto de vista macro, é o que passa a ser transformado, e não o hábito. Lembro que não propus em momento algum a reconstrução do hábito, embora as pessoas ao seu redor vão entender exatamente isso, que você mudou seu "velho hábito", mas não, você abriu uma nova janela alternativa, construiu uma nova opção e caminha por ela, motivado pela pura consciência do altruísmo.

A afirmação quase exagerada de transformar qualquer resultado não é absoluta, por questão óbvia; o resultado é a consequência final de uma sequência de ações e eventos que não desprezam a natureza de vantagens ou desvantagens. Contudo, é real e absoluto que todo resultado é mutável. Os hábitos estão ligados em todo o processo que levam as evidências, o resultado.

   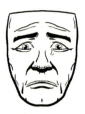

Desprezar esse conceito é o mesmo que comer "cachorro quente" sem salsichas sabendo que está faltando algo. Você perde parâmetros de avaliação do resultado. Você entrará num *loop* de sofrimento mental de "como seria se", uma vez que não deu importância ao sabor da salsicha.

Não podemos assumir a responsabilidade pelo resultado, por isso aprendemos que o elemento da decisão é o ponto alto do processo, pois uma sequência de fatos influirá diretamente no resultado. Mas executando o processo, certamente algum resultado vai acontecer. Nisso cito um ditado entre os atiradores de elite: "mire pequeno e erre pequeno." A ideia de "pequeno" aqui são os detalhes observados, o impacto e os riscos minimamente calculados.

Precisamos ter consciência que não atender a expectativa do outro não depõe necessariamente contra você e definitivamente não é um fracasso no resultado alcançado. É necessário analisar com sobriedade e imparcialidade a situação toda, pois o outro, ou outros, podem ter um nível de exigência fora do padrão médio para convivência. E talvez, seja preciso apresentar este conteúdo as pessoas que deseja cooperar com o mesmo processo ao qual você mesmo se permitiu submeter.

A proposta de um resultado transformado é aceitar que mudanças no meu comportamento influem e alteram os meus resultados em qualquer área da minha vida, mas não há precisão, assertividade do meu objetivo final além daquilo que objetivamente eu alcancei como comportamento expresso, pois os meus hábitos são apenas uma parte daquilo que, embora relevantes, interferem no meu comportamento e possivelmente nos meus resultados. Mas é importante considerar que outros fatores, sobretudo os que não temos controle algum, interferem em todos os resultados.

A partir deste método, será como se numa escala de zero a dez, você subisse do nível 3 para o nível 7, sem a necessidade de perder mais tempo, e aqui, com muito menos sofrimento e sem perdas, melhorando sua performance, seus relacionamentos, seu trabalho, sua estima e certamente seus resultados.

Se para você isso tudo é muito utópico, sugiro que volte ao início e comece a ler novamente este conteúdo; ao final da sua leitura, você poderá ser o meio de inspiração para ajudar outras pessoas que estão sofrendo em tantas áreas, e nisso encontrar um sentido ainda maior na sua vida, e perceber que isso é o que faz valer a pena: se encher de conhecimento e experiências positivas para transbordar coisas boas sobre outras pessoas.

"UM ESTADO DE EXCELÊNCIA É TAMBÉM ESTAR À

FRENTE DE ACONTECIMENTOS PREVISÍVEIS"

Se algum de vocês tem falta de sabedoria, peça-a a Deus, que a todos dá livremente, de boa vontade; e lhe será concedida. **Tiago 1:5**

RECAPITULANDO

» O processo mostra que o resultado é transformado, e não o hábito.

» A ressignificação não mudou seu "velho hábito", mas abriu uma nova alternativa para um comportamento diferente.

» O resultado é a consequência final de uma sequência de ações e eventos que não desprezam a natureza de vantagens ou desvantagens.

» Não atender a expectativa do outro, não apresenta seu fracasso em qualquer resultado.

» A proposta de um resultado transformado é aceitar que mudanças no meu comportamento influem e alteram os resultados.

» Importante considerar que outros fatores interferem em todos os resultados.

» Você poderá ser o meio de inspiração para ajudar outras pessoas.

ANOTAÇÕES

TRANSFORMANDO RESULTADOS

ESCOLHER MUDAR

Outro dia estava analisando um pequeno rio que passa nos fundos de uma propriedade que tenho, e com os pés neste rio, percebia que não somente meus pés mudavam o curso seguinte das águas, mas a posição em que eu movimentava alterava o fluxo, o desenho e o som das águas agitadas.

Obviamente as águas buscaram seu curso natural, e seu destino não foi alterado, contudo foi notável perceber que igualmente todos nós tivemos, temos e teremos sempre obstáculos em nossos caminhos e que estes poderão sim, momentaneamente alterar nosso curso, interferir no fluxo normal de nossas vidas. Mas aqui eu quero pontuar a maravilhosa Obra Divina em nós; as águas, como toda a natureza na terra não tem consciência, e tampouco qualquer intelecto que possa fazê-la lutar em busca da sua vontade. A propósito, segundo as Escrituras, Deus nos pôs por sobre autoridade na natureza.

O que quero dizer é que só você tem o poder de intervir e/ou permitir a intervenção no curso definitivo da sua vida. E a exemplo das águas, ainda que em momento você sofra algum impacto, você pode retomar imediatamente o curso natural da sua vida mediante sua própria escolha.

Em geral, as pessoas tendem a passar suas vidas justificando seus enfados por acontecimentos, eventos ou outras pessoas, buscando responsáveis para o que por opção decidiram abandonar no caminho. Fato é que qualquer pessoa tem o domínio das suas escolhas e, portanto, a plenitude do livre-arbítrio que o próprio Deus nos deu. Pessoas escolhem ser iradas, hostis, rancorosas, tristes, infelizes, e contrariamente podem escolher ser. Qualquer pessoa pode mudar, basta querer e acreditar que pode.

Se um fumante com mais de 40 anos de maus hábitos pode de repente parar, você pode; se um assassino pode se humanizar, você pode; se um mentiroso passa a viver pela verdade, você pode!

Procure o objeto da sua mudança, um significado para esse acontecimento, e construa um desejo ardente dentro de você e não desista. Faça dessa mudança, um marco que vai te incentivar a mudança em muitas outras áreas da sua vida. Faça isso! Você pode encontrar motivações simples, até nos outros, mas em dado momento você vai perceber que tudo partiu apenas de você.

Seja sensato no processo, e muito tempo depois continue sensato e paciente. Seu sucesso de transformação não define quem você é, simplesmente indica que em algumas áreas você amadureceu mais rápido e facilmente, enquanto em outras não, e por isso você não pode se dar o direito de julgar a quem sequer conhece o processo que aqui você aprendeu, e mesmo quem não teve força para conseguir prosseguir. Seja sábio! Se tiver dificuldade, comece a pensar em construir o hábito de falar menos, e o consequente comportamento de ouvir mais. A escolha da sua mudança não compete a mais ninguém, e este poder é somente seu.

"A OBSTINAÇÃO EM SER O MENOR, REVELA

O CAMINHO PARA SER MELHOR"

Pois da mesma forma que julgarem, vocês serão julgados; e a medida que usarem, também será usada para medir vocês. **Mateus 7:2**

RECAPITULANDO

» Deus deu aos homens autoridade.
» Você tem o poder de intervir no curso da sua vida.
» Toda pessoa tem o domínio das suas escolhas.
» Seja sensato e paciente no processo. Seu sucesso
  de transformação não define quem você é,
  simplesmente indica que em algumas áreas
  você amadureceu mais, e outras não.

ANOTAÇÕES

ESCOLHER MUDAR | **99**

PRATICANDO (ATIVIDADE 4)

Nesta atividade, queremos avaliar a sua evolução em geral. Saber o quanto você conseguiu suprimir o velho hábito é importante, e para isso o preenchimento das estruturas gráficas abaixo é fundamental para que você tenha clareza dos seus resultados.

Considerando a última atividade PRATICANDO, no qual você iniciou o exercício diário de 40 dias, e monitorar no quadro ali indicado o novo hábito construído, cujo comportamento ou comportamentos são expressos, você deverá relembrar, e esperamos com algum esforço o comportamento indesejado, e no primeiro pontinho da linha mais alta no quadro da indicação de 80 a 100% e circular com um lápis. Avalie seus dez dias seguintes, e anote separadamente quantas vezes esse comportamento se repetiu, ainda que você esteja trabalhando um novo hábito e, portanto, um comportamento desejado.

Exemplo: Se em 10 dias você manifestou o mesmo comportamento 20 vezes, na segunda dezena 16 vezes, na terceira 12 vezes e na quarta 10 vezes. Em tese neste exemplo, se obteve uma supressão do comportamento indesejado em 50%; então, continuar os exercícios diários é necessário.

Igualmente, mas no extremo oposto, você avaliará o novo comportamento, e vai fazer as indicações ponto a ponto, dezena a dezena no quadro gráfico de evolução.

Observe que há uma variação percentual de 20% no quadro gráfico, mas neste momento a subjetividade não é relevante, o importante aqui é visualizar seu quadro geral de evolução, e mesmo que um dos quadros trate o retrospecto como "supressão", entendemos que é uma evolução; Sendo assim, a lacuna mental do velho comportamento precisa ser compensada potencialmente pelo novo, com total dedicação e disciplina.

Somos seres humanos percentualmente muito mais visuais no funcionamento perfeito da nossa cognição, e por esse motivo, visualizar seus resultados e satisfazer-se com a conquista, potencializando o compromisso com o processo que nunca para.

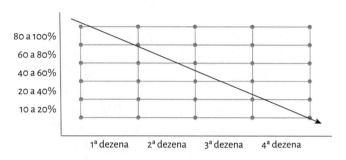

Análise de supressão

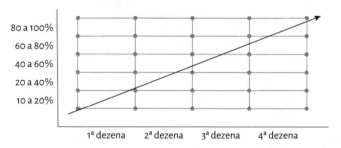

Análise de evolução

Naturalmente, nós, seres humanos, pessoas normais gostamos de ser consistentes, ou seja, as nossas atitudes tendem a estar em sintonia com as nossas crenças e valores. Quando não estão, nos dedicamos a fazer um esforço para alinhá-los novamente. Se começarmos a acumular vitórias e ainda assim continuamos a nos enxergar sem valor ou incapazes, uma força contrária, mas com aspecto de "natural" vai nos puxar para o nosso estado original, e voltarmos ao ponto que nos é familiar e que está de acordo com aquela imagem que temos de nós mesmos, infelizmente.

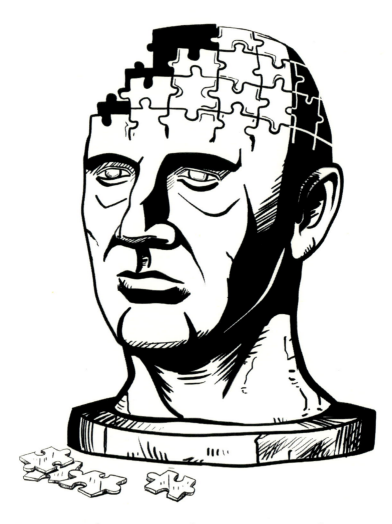

Em outras palavras, se caminhamos com a crença de que não temos valor em qualquer área da nossa vida, alimentamos e damos constância ao sentimento de uma iminente queda a qualquer momento, o mesmo e contrário se nossos positivos resultados chamam a atenção dos nossos colegas, receamos ser vistos como uma fraude. É aqui onde justamente nossa crença nos leva a procrastinar e a desviar o foco da necessária mudança. Precisamos ter a consciência convicta e plena que, embora o objeto de toda transformação é sempre para melhor, Deus já nos fez perfeitos, e o que fazemos aqui é ajustar as conexões que nos ligam diretamente aos resultados que nos afetam, ou afetam as pessoas a nossa volta.

Assim, nos culpamos pelas circunstâncias em vez de encontrarmos uma razão em nós mesmos pelo resultado indesejado. Passamos a acreditar na mentira de que o Sol só brilha para os outros, que a pesca só boa do outro lado do rio.

Sentimentos de incapacidade e desmerecimento passam a nos tomar conta, como um chiclete no cabelo, que não sai fácil e é muito desconfortante. Mas lembre-se, você é a imagem e semelhança do Criador, e não do que você acredita baseado num padrão estabelecido por regras humanas.

No fundo, a angústia perante as conquistas não é realmente um medo de conquista ou do peso da responsabilidade que acarretam; esse medo que todos naturalmente em algum momento temos, é apenas um medo de tentar o melhor e não ter sucesso, de ser pessoalmente abatido e humilhado publicamente e sair envergonhado da situação. E à medida que você se preocupa que o seu melhor talvez não seja bom o suficiente, você é dominado por seu medo, e sua mente reinicia automaticamente para o ponto de partida, onde todo o conforto está apto para exploração daquilo que se acredita sempre ser seguro – a chamada "Zona de Conforto".

Mesmo que nossa mente se conforte nas situações que permaneçam como são ou estão, acredite, um dia as situações mudam e pior, nos pegam de surpresa. Mudanças fazem parte da vida, algumas são boas e outras não, mas o fato é que estamos sempre tendo que nos adaptar aos ciclos da vida, e é justamente essa adaptação que pode fazer nos desviar do processo de confronto com a necessidade do processo de mudança.

Toda mudança tem, por natureza, um caráter misterioso que anuncia algo novo, e não sabemos do que se trata esse "algo novo". Todos nós, por instinto, encaramos como perigoso qualquer situação desconhecida. Nosso cérebro logo nos prepara para uma fuga no momento em que interpreta a mudança como algo ameaçador. Por isso, é tão difícil lidarmos com a mudança, porque como muitas vezes não sabemos o que está por vir, não sabemos como nos preparar e nos proteger adequadamente para o inesperado.

Além do medo do novo, toda mudança exige uma mobilização e disposição de energia que nosso cérebro quase sempre não está disposto a gastar. Toda mudança requer um grande esforço para que nos adaptemos à nova situação. Por isso mudar é difícil.

Analisar, entender e aceitar essa luta é necessário para quem desejosamente quer mudar. O processo será como a linda imagem do maior quebra-cabeça do mundo; organize e comece, uma peça por vez, e ao final comemore o resultado de cada pequeno avanço, olhe para a imagem que está sendo construída, projetada para o futuro, essa imagem é você melhor, mais maduro, mais equilibrado, mais parecido com o Criador, "a imagem e semelhança d´Ele" *Genesis 1:26*. Nunca vai ser fácil, mas sempre será possível.

Não perca mais tempo! Você tem apenas uma vida, e não importa se você é jovem, ou está na meia-idade, ou quem sabe até na terceira e maravilhosa idade, todos, ao final deste primeiro ciclo da vida terrena, concluiremos que nada sabemos apesar de muito viver. Então, "Carpe Diem", não perca mais tempo, se renove, se reinvente, se transforme e dê de você o melhor para si, para quem ama, e para Deus. Nunca a história da relação de Deus se tratou d´Ele, de mim, ou de você, mas sim **"de nós"**.

> "O MEDO DE ERRAR NA PRIMEIRA VEZ É O ÚNICO
>
> SENTIMENTO QUE NOS DÁ UMA SEGUNDA CHANCE"

Não temas, porque eu sou contigo; não
te assombres, porque eu sou teu Deus;
eu te fortaleço, e te ajudo, e te sustento
com a destra da minha justiça.

Eis que, envergonhados e confundidos serão todos
os que se indignaram contra ti; tornar-se-ão em
nada, e os que contenderem contigo, perecerão.

Buscá-los-ás, porém não os acharás; os que
pelejarem contigo, tornar-se-ão em nada, e como
coisa que não é nada, os que guerrearem contigo.

Porque eu, o Senhor teu Deus, te tomo
pela tua mão direita; e te digo: Não
temas, eu te ajudo.   **Isaías 41:10-13**

RECAPITULANDO

» Atitudes normalmente tem relação com crenças e valores.
» Deus já nos fez perfeitos.
» A preocupação em não fazer o melhor, o faz refém do medo, onde sua mente volta à procura de conforto.
» Todos naturalmente têm medo do desconhecido.
» Toda mudança exige mobilização e disposição de energia que nosso cérebro não está disposto a gastar.
» Analisar, entender e aceitar é necessário para quem quer mudar.
» Nunca a história da relação de Deus se tratou d´ Ele, de mim, ou de você, mas sim **"de nós"**.

ANOTAÇÕES

ESCOLHER MUDAR | 107

PREFERÊNCIAS LITERÁRIAS DO ESCRITOR

A UNIVERSIDADE DO SUCESSO
Og Mandino

SALOMÃO O HOMEM MAIS RICO QUE JÁ EXISTIU
Steven K. Scott

PAI RICO PAI POBRE
Robert T. Kiyosaki

CINCO SEGREDOS DA RIQUEZA
Craig Hill

A LEI DO TRIUNFO
Napoleon Hill

MAIS ESPERTO QUE O DIABO
Napoleon Hill

COMO FAZER AMIGOS E INFLUENCIAR PESSOAS
Dale Carnegie

AS 4 DISCIPLINAS DA EXECUÇÃO
Chris Mcchesney, Sean Covey, Jim Huling, Bill Moraes

SOBRE O AUTOR

DALMO FERRARI é um empresário paranaense, natural de Paranaguá. Administrador de empresas, formado em Comércio Exterior, Especialista Comportamental, Master Coach, foi professor em duas grandes instituições cariocas, ministrando cursos e palestras por quase nove anos em todo o Brasil.

Dalmo sempre foi muito ativo. Esta caraterística o levou a sofrer, aos doze anos de idade, seu primeiro processo de falência, quando ele e um amigo próximo se uniram em um empreendimento: comprar doces e pacotes de salgadinhos dos fornecedores no bar da esquina da sua casa e vender à tarde na escola em que estudavam. Mas a inexperiência, a falta de planejamento e a baixa performance não puderam superar a forte concorrência que, em locais privilegiados na grade da escola – próximo ao portão – já eram cativos dos vendedores mais antigos. Não bastasse ainda, os produtos dos concorrentes eram bem mais atrativos: banana recheada, coxinha, pastel. Dessa forma, não levou mais de uma semana para declararem a falência do seu primeiro empreendimento.

Como bom brasileiro, persistente, algumas semanas depois, em outra sociedade, ele e outro amigo decidiram se apresentar a uma senhora que fazia sonhos e distribuía cestas aos adolescentes para vender. O sonho é um doce recheado com creme, goiabada ou doce de leite.

Por ser uma criança de estatura maior que as demais, ele conseguiu se passar por adolescente e pegar duas cestas, uma para ele e outra para seu amigo, e o dinheiro do troco para o ônibus. Então, após seus pais saírem para o trabalho, eles correram para sua nova empreitada de trabalho.

Acabados de chegar ao centro da cidade, e caminhado poucas quadras, numa das suas primeiras abordagens em sua experiência com vendas, num posto de combustível, passando por trás de uma Belina, um carro da época, ele diz: "Tio! Quer sonho?" E, de repente, vira-se um gingante polaco de cabelos meio ruivo e... era seu pai! Com olhar fulminante, deu a ordem para que ele entrasse no carro. Como um papa-léguas, seu amigo sumiu no caminho, e o fim de mais uma falência foi decretada.

Mas a história tem um desfecho bom para o menino que queria muito trabalhar. No dia seguinte, seu pai o convida para começar a trabalhar com ele e por lá fica por alguns poucos anos.

Aos 14 anos ele vai trabalhar de office boy numa grande multinacional, onde passou seis anos seguintes, e ali teve início sua formação técnica profissional. Após outras diversas grandes empresas, encontrou pessoas que seguramente cooperaram no seu processo de crescimento profissional.

Dalmo Ferrari é um grande entusiasta do ser humano, estudioso leitor, dedicado no desenvolvimento e recuperação do alto desempenho de pessoas, sobretudo na desconstrução da ideia da incapacidade. Empreendedor nato, embora cauteloso pelas experiências que a vida lhe impôs, ele vem nesta primeira publicação oficial, embora seja dono de outras três obras não publicadas e centenas de frases de impacto, trazer uma opção de total autonomia ao leitor, submetida apenas a escolha pessoal de se autodesenvolver, experimentando inicialmente a possibilidade de dispensar o uso de outros métodos.

Sua crença total na capacidade de reabilitar a estima, as relações, a alegria, o sucesso e o amor está explicitamente ligado a cada página dedicada no conteúdo deste livro que vai transformar a visão que você tem a seu respeito e dos outros.

"QUEM BUSCA GRANDES CONHECIMENTOS, SE

CONSOLARÁ SENDO MUITO INTELIGENTE, MAS QUEM

COM INTELIGÊNCIA BUSCA O CONHECIMENTO,

SERÁ SEMPRE CONHECIDO POR SUA SABEDORIA"

◎ editoraletramento	🌐 editoraletramento.com.br	
ⓕ editoraletramento	ⓘ company/grupoeditorialletramento	
ⓨ grupoletramento	✉ contato@editoraletramento.com.br	
🌐 casadodireito.com	ⓕ casadodireitoed	◎ casadodireito